MEIN EASY-GOING-HAUSHALT

Für dich, Papa! Danke für alles!

CLEAN · CLEAN · CLEAN · CLEAN

bgin

MEIN EASY-GOING-HAUSHALT

Geniale Lifehacks, die den Alltag leichter machen

Einfach, effizient, natürlich!

CV

INHALT

EINLEITUNG

Die Möglichkeit, dieses Buch zu schreiben, war eine schöne Überraschung, und ich bin sehr stolz darauf!

Um zu erklären, wie es dazu kam, muss ich ein wenig ausholen.

Meine Leidenschaft für die Oper wurde schon in jungen Jahren geweckt, und ich hatte das Glück, über zehn Jahre lang in diesem Bereich arbeiten zu können. In Paris, in zahlreichen anderen europäischen Städten und in New York konnte ich Projekte von erstklassigen Künstlern mitbegleiten.

Doch im Jahr 2020 zerstörte die Gesundheitskrise aufgrund der Corona-19-Pandemie buchstäblich meine beruflichen Pläne und stellte meine gesamte Karriere infrage.

Weit weg von Paris im Lockdown ausharrend, nutzte ich diese Wochen, in denen das öffentliche Leben wie eingefroren schien, um mein Elternhaus zu sortieren und aufzuräumen. Ordnung und Sauberkeit habe ich schon immer geliebt!

Vielleicht aus Spaß, und um meine Tage zu füllen, habe ich in dieser Zeit den Instagram-Account ***@bgin.clean*** eingerichtet. Als ich Fotos und Videos von den Dingen teilte, die ich in aller Einfachheit putzte, war ich überrascht, dass ich immer mehr Abonnenten gewann. Bald trudelten Dutzende von Nachfragen zum Thema Hausarbeit ein, und die Leute waren begeistert. Sie fanden es wie ich spannend, Sauberkeit durch natürliche Produkte und alte Hausmittel zu erzielen, die nicht nur unsere Gesundheit, sondern auch die Umwelt schonen.

Mir kam der Gedanke, dass meine Mission nun vielleicht einfach nicht mehr in der Welt der Oper lag und dass ich diese Gelegenheit ergreifen sollte, um einen neuen Weg einzuschlagen, nämlich den des Putzens!

Dieses Buch bot mir die unverhoffte Gelegenheit, Rezepturen und Techniken weiterzugeben, die mir persönlich sehr dabei helfen, meine Wohnung und meine Wäsche tipptopp in Schuss zu halten. Was für ein angenehmes und beruhigendes Gefühl!

Ich möchte diesbezüglich keine Lektionen erteilen, sondern lediglich Ratschläge geben. Ich hoffe von ganzem Herzen, dass du auf diesen Seiten Informationen findest, die deinen Alltag verschönern und erleichtern.

Nach dieser kurzen Vorstellung weiß ich nicht, wie es dir geht, aber ich bin … glücklich!

Glücklich, das fortsetzen zu können, was mich schon immer angetrieben hat und was sich wie ein roter Faden durch die letzten Jahre meines Lebens zieht: den Menschen in meiner Umgebung einen Gefallen zu tun!

Viel Spaß beim Lesen und Saubermachen!

bgin

Die richtige Ausrüstung

DIE BASIS

- Besen und Schaufel (1)
- Staubsauger (2)
- Mopp mit Mikrofasern (3)
- Bügeleisen (4)
- Wasserdichte Schutzhandschuhe (5)

FÜR DIE FLÄCHEN

- Wischtücher (6) und weiche Mikrofasertücher* (7) in verschiedenen Farben und Webarten (ich nutze besonders gerne solche mit einer feinen Waffelstruktur, für Glas und Edelstahl beispielsweise)
- Reinigungstuch mit Wabennetz (»Teigreinigungstuch«), um groben Schmutz zu entfernen (8)
- Duschabzieher (9)
- Spezieller Schwamm für das Arbeiten mit *Putzstein* (10)

** Das Wichtigste am Mikrofasermaterial ist seine Zusammensetzung! Ideal finde ich nach vielen Versuchen: 80 Prozent Polyester und 20 Prozent Polyamid.*

GEGEN DEN STAUB

- Staubwedel mit Teleskop-Stiel, um an hoch oben gelegene Staubkörner und Spinnweben zu gelangen (11)
- Herkömmlicher Staubwedel für empfindliche Oberflächen wie etwa Bilderrahmen oder Bücher (12)
- Staubtuch mit langen Mikrofasern, zum Aufnehmen von Staub (13)

Produkte, die man zu Hause haben sollte

EIN SET FÜR DEN ANFANG

- *Savon de Marseille extra pur* (helle Kernseife auf Pflanzenölbasis, ohne Farb- oder Duftzusätze, in Würfelform) zum Reinigen von Geschirr, Fenstern, Textilien, Turnschuhen … (1)
- Gallseife zum Anlösen von Flecken sogar auf den empfindlichsten Materialien (2)
- *Savon noir liquide* (flüssige schwarze Schmierseife) zum Reinigen von Oberflächen und Böden aller Art (3)
- Zitronensäurepulver zum Entfernen von Kalkablagerungen (4)
- Weißer Essig als Helfer im Alltag (5)
- Viruzid der DIN-Norm EN 14476, um effektiv schädliche Mikroorganismen zu eliminieren

ZUSATZPRODUKTE

Um noch etwas etwas weiter zu gehen und noch mehr der Reinigungsmethoden aus diesem Buch auszuprobieren:

Feste Produkte

Savon de Marseille olive (grüne Kernseife auf Olivenölbasis, in Würfelform, 6), *Savon noir en pâte* (schwarze Schmierseife in Pastenform, 7)

Flüssige Produkte

Ätherische Öle (8), 90-prozentiger Alkohol/Haushaltsalkohol (9), Wodka (10)

Produkte in Pulverform

Natriumbicarbonat (Natron, 11), Schlämmkreide (12), Sodakristalle (13), Natriumpercarbonat (14), Kieselgur (15), Pfeifenerde/weiße Tonerde (16)

Die richtigen Utensilien am richtigen Ort

SICHTBAR UND ZUGÄNGLICH PLATZIEREN

Nicht, damit sie uns ein schlechtes Gewissen machen, aber damit sie uns daran erinnern, dass sie da sind, um uns zu helfen.

Es ist ganz einfach: Ich baue diese Utensilien strategisch in die verschiedenen Wohnräume ein. So kann ich ganz entspannt vorgehen, denn nun muss ich meine Putzmaterialien nicht mehr durch die halbe Wohnung tragen oder minutenlang nach ihnen suchen!

Ein Staubtuch kann in der Schublade des Wohnzimmertischs aufbewahrt werden, ein Wischtuch diskret oder an einem hübschen Aufhänger befestigt an Orten, die durch die täglichen Aktivitäten schnell schmutzig werden (Küche, Badezimmer ...). Sprühflaschen mit selbst gemachtem *Universalreiniger* (Seite 71) können ebenfalls in verschiedenen Räumen aufbewahrt werden, sodass sie immer in Reichweite stehen. Kurz gesagt: Wenn Reinigungsprodukte und Putzmaterialien sichtbar und gut zugänglich sind, sind sie besonders nützlich!

Tipp

Wie wäre es mit einem Farbcode-Prinzip?

Abgesehen vom spielerischen Aspekt kann man es sich zur Gewohnheit machen, jedem Raum oder »Raumtyp« eine Farbe zuzuweisen. Das funktioniert, und es vereinfacht das tägliche Putzen! So vermeiden wir es, dasselbe Wischtuch für die Arbeitsflächen in der Küche zu verwenden, nachdem wir beispielsweise die Toilette damit gereinigt haben ... Lassen wir unserer Inspiration freien Lauf! Dabei gibt es keine rigiden Regeln, das Ganze macht sogar Spaß! Das breite Sortiment an Putzutensilien im Handel ermöglicht es uns, auszuwählen und uns ein Set zusammenzustellen, das uns gefällt!

Gefährliche Substanzen

SICH SCHÜTZEN

Auch wenn wir Naturprodukte verwenden, schließt das nicht aus, dass wir mit einigen sehr vorsichtig umgehen müssen. Beim Arbeiten mit bestimmten Substanzen wie etwa Zitronensäurepulver, Natriumpercarbonat, Sodakristallen usw. müssen Handschuhe getragen werden. Denn obwohl es sich um umweltfreundliche Produkte handelt, lösen auch sie chemische Reaktionen aus und können Haut sowie Atemwege reizen. Beim Herstellen von Mischungen achte ich daher darauf, die verwendeten Ingredienzien nicht mit bloßen Händen zu berühren und die Dämpfe oder Pulver nicht einzuatmen, und arbeite immer in einer gut belüfteten Umgebung.

ÄTHERISCHE ÖLE

Sie sind stark und sollten nur nach Rücksprache mit Fachleuten verwendet werden.

GUT BESCHRIFTEN

Jeder im Haushalt, sogar ein Gast, muss auf den ersten Blick erkennen können, was in diesem oder jenem Glas oder in dieser oder jener Sprühflasche enthalten ist.

GESICHERT AUFBEWAHREN

Reinigungsprodukte sollten an einem trockenen Ort außerhalb der Reichweite von Kindern oder Haustieren gelagert werden.

AUF CHLOR VERZICHTEN

Auf Chlor basierende Bleich- und Desinfektionsmittel sind nicht nur schädlich für den Menschen sowie die Umwelt, sondern können in Verbindung mit anderen Stoffen, wie etwa Zitronensäure, sehr gefährlich werden.

Chlorbleichmittel komplett aus dem Haushalt zu verbannen ist daher hervorragend! Aber wie desinfiziert man Oberflächen ohne sie richtig?

Auch auf die Gefahr hin, viele nun zu enttäuschen: Es ist ein Irrglaube, mit weißem Essig, Natriumbicarbonat etc. Viren und Co effektiv bekämpfen zu können. Um Bereiche wirksam zu desinfizieren, sollte ein Viruzid verwendet werden, das den Anforderungen der DIN-Norm EN 14476 entspricht (was auf der Verpackung angegeben sein muss). Ohne eine Reihe von sehr umfangreichen Tests in einem zertifizierten mikrobiologischen Labor durchlaufen zu haben, darf ein Mittel nicht als Viruzid in den Handel kommen. Die Sache ist in der Tat sehr streng geregelt, und das ist auch gut so! Zusätzlich zu dieser grundlegenden Norm bin ich begeistert von der Arbeit von Unternehmen, die ihre Produkte mithilfe von »grüner Chemie« entwickeln, und ich unterstütze diese nachdrücklich.

Was hat eine Rübe mit Desinfektionsmitteln zu tun?

Bei der »grünen Chemie«, die im Haushalt angewandt wird, geht es darum, Produkte zu entwickeln, die mit natürlichen sowie erneuerbaren Rohstoffen auskommen und die sowohl für den Menschen als auch für die Umwelt verträglich sind. Diese neue Art des Denkens und der Produktentwicklung verzichtet auf schädliche Konservierungsstoffe, Sulfate, synthetische Lösungsmittel auf Erdölbasis etc. In Sachen Desinfektion beispielsweise entstehen durch Fermentation von Rüben, Zuckerrohr oder Mais desinfizierende Wirkstoffe wie Alkohol oder Milchsäure.

JEDEN TAG

Ein Express-Frische-Kick

Die Mini-Herausforderungen des Alltags mit Plan zu bewältigen macht richtig Spaß! Jeden Tag denke ich voraus und tue, was nötig ist, um nicht irgendwann überfordert zu sein. Und bald werden die kleinen Handgriffe zu ganz selbstverständlichen Gewohnheiten.

CHALLENGE 1

15 MINUTEN

Frisch in den Tag starten

Es sind nur kleine Handgriffe, aber im Ganzen helfen sie mir, in einer sauberen und frischen Umgebung den neuen Tag zu beginnen!

1

FÜR DURCHZUG SORGEN

Schlafzimmer, Wohnzimmer, Büro, Küche und Bad: Alles wird bei mir gelüftet!

Unsere Körper brauchen Sauerstoff, unsere Wohnräume ebenso! Mein Tipp ist es, frühmorgens zu lüften, denn dann ist die Feinstaubbelastung draußen noch am geringsten. Zugegeben, das sind nur Mini-Aktionen, aber sie helfen uns langfristig sehr!

2

DAS BETT AUSLÜFTEN

Ich stehe auf und lüfte das Bett, bei geöffnetem Fenster!

Bevor ich die Bettdecken jeden Morgen erneut zusammenfalte, lasse ich sie während des Lüftens aufgeschlagen!

3

DAS SOFA WIEDER SCHICK MACHEN

Eine Wohltat für das Auge!

Ich klopfe die Sitzpolster, Rückenpolster und Kissen auf, falte Decken und Plaids zusammen und lege sie wieder ordentlich auf eine der Armlehnen oder in einen dafür vorgesehenen Korb.

4

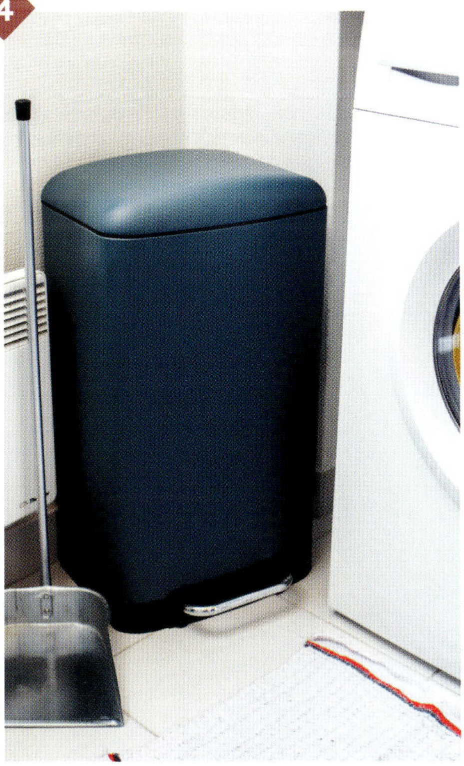

DEN ABFALL VERWALTEN

Jedes Mal, wenn ich nach draußen gehe, bringe ich ein bisschen Müll weg!

Stapel von alten Gläsern und Dosen drücken auf die Stimmung, aber es ist nicht nötig, sich wegen einer solchen Lappalie die Laune verderben zu lassen. Anstatt mehr Müllsäcke zu verwenden, die nur unnütz im Weg stehen, sortiere ich vernünftig und nutze jeden Gang nach draußen, um den Müll in die dafür vorgesehenen Tonnen oder Container zu werfen.

CHALLENGE 2

3
MINUTEN

Nach dem Duschen vorsorgen

Klar ist die tägliche Körperpflege wichtig, um uns selbst etwas Gutes zu tun! Ich möchte dich aber herzlich dazu ermutigen, jeden Tag 3 Minuten länger im Badezimmer zu verbringen, um auch deine Dusche zu pflegen.

1

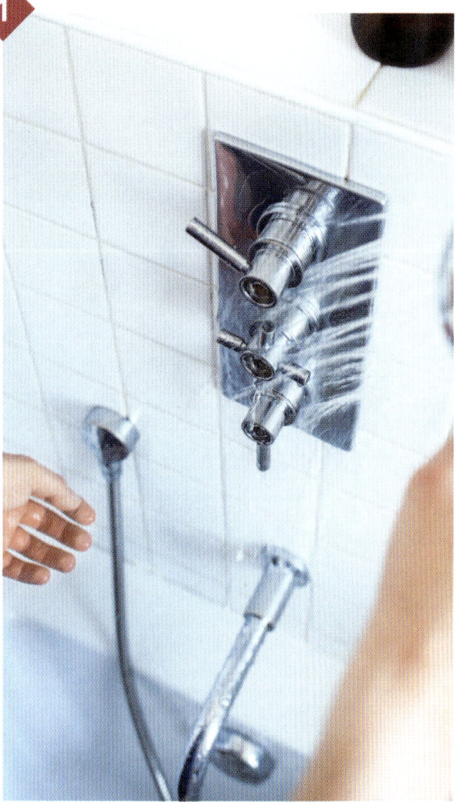

ALLES MIT KALTEM WASSER ABBRAUSEN

Duschwand, Badewanne und Armaturen: 3 Sekunden genügen.

So vermeiden wir die lästige und schwierige Arbeit, irgendwann tief eingedrungenen Schmutz und festgesetzten Kalk mühsam entfernen zu müssen.

GUT ZU WISSEN
Im Gegensatz zu heißem Wasser setzt kaltes Wasser kaum Kalkablagerungen frei. Erst wenn es erhitzt wird, verwandeln sich die Mineralsalze Kalzium und Magnesium verstärkt in das, was man als »Kalkstein« bezeichnet.

2

DEN DUSCHABZIEHER BENUTZEN

Fliesen und Duschwände – auf beiden funktioniert dieses praktische Hilfsmittel. Die Sache macht sogar Spaß und ist regelrecht entspannend!

Das Ziel hierbei ist es, nach dem erfolgten Abbrausen keine stehenden Wasserreste oder Tropfen zu hinterlassen. Durch das Abziehen vermeidet man, dass beispielsweise die Fugen schimmeln oder sich unschöne Kalkspuren auf den Glaswänden oder Fliesen absetzen.

3

DIE ARMATUREN TROCKNEN

Ich trockne einige strategisch wichtige Punkte.

Abgesehen davon, dass saubere und glänzende Armaturen Freude und gute Laune verbreiten, verlängern wir durch die Pflege auch ihre Lebensdauer und beugen vorzeitigem Verschleiß vor.

Tipp

Ein Hoch auf die Seife!

Man weiß nie, was man mit kleinen Seifenresten anfangen soll, nicht wahr? Ich werfe sie nicht mehr weg, sondern fülle sie nach und nach in einen kleinen Beutel aus Sisalhanf (ein natürlicher »Peeling-Handschuh« und ein wunderbares Hilfsmittel, um mich unter der Dusche einzuseifen). Seifenreste aufzubrauchen ist umweltfreundlich, finanziell von Vorteil und überaus praktisch!

Es ist sauber …

und fühlt sich gut an!

CHALLENGE 3

ZEIT-
ERSPARNIS

Das kleine alltägliche Chaos meistern

Wenn es Zeit zum Putzen ist, kann es entmutigend sein, vor einem Zimmer zu stehen, das mit 1001 Gegenständen vollgestopft ist, die sich zu Haufen auftürmen. Viel einfacher und schneller geht es, wenn die Wohnräume einigermaßen ordentlich sind.

1 FÜR KLARHEIT SORGEN

Eine einfache, schnelle und spielerische Methode, um gelassen Ordnung zu schaffen!

Die Räume analysieren

Ich schaue mir einen Raum an und begutachte die Gegenstände, die in mein Blickfeld kommen. Beginnen wir zum Beispiel im Wohnzimmer: »Kerzen (ja), Karaffe (okay), Filzstifte (hm ...), Sweatshirt (hmmm ...), Post (na ja), Deodorant (nein!)«. Mir ist klar, dass es hier einige Eindringlinge gibt, die folglich nicht an ihrem Platz sind.

Die Gegenstände nach »Familien« sortieren

Meine eigene Methode, um schneller zu werden und nicht 1000 Kilometer in meiner Wohnung zurückzulegen: Ich konzentriere mich Raum für Raum darauf, »alles, was zusammengehört« zusammenzubringen.

- Rechnungen und Briefe, die bearbeitet oder abgelegt werden müssen: ein eigener Stapel
- Kleidung: ein eigener Stapel
- Stifte, Notizbücher und Büromaterial: ein eigener Stapel ...

Kurz gesagt: Eine Rechnung, ein Parfüm und ein Paar Socken haben am selben Ort bei mir nichts zu suchen.

Mit dem Aufräumen starten!

Eine Regel, die man meiner Meinung nach im Hinterkopf behalten sollte: Jeder Gegenstand sollte einen bestimmten Platz haben, der Sinn macht. Heutzutage werden uns im Handel Tausende von Hilfsmitteln angeboten, mit denen wir unser Zuhause ordnen und strukturieren können. Damit ist alles aufgeräumt und besser organisiert.

CHALLENGE 3

Das kleine alltägliche Chaos meistern

2 SAMMELBEHÄLTER NUTZEN

Was ich in jedem Raum will, ist, den Schmutz im Blick zu haben. Außerdem möchte ich leicht an die Oberflächen herankommen können, um sie zu reinigen, ohne Zeit damit zu verschwenden, jeden Tag jedes Stück einzeln wegstellen zu müssen.

Im Badezimmer

Leider habe ich nicht genügend Zeit, um dort Stunden zu verbringen. Wenn ich im Bad bin, möchte ich sofort auf meine Alltagsprodukte zugreifen können. Ich sortiere daher alles, was ich für die tägliche Körperpflege brauche, und bringe es übersichtlich in Behältern unter.

Bartstoppeln auf dem Waschbeckenrand sind dann kein Problem mehr. Ich stelle einfach den Sammelbehälter beiseite, wische über die Keramik und stelle ihn wieder auf – das dauert gerade mal 10 Sekunden.

In der Küche

Meine Arbeitsfläche ist klein, und ich kann es mir nicht erlauben, dass sich darauf unzählige Gegenstände stapeln, die ich zum Kochen brauche. Also überdenke ich die Dinge, bringe das eine oder andere kleine Regal an und besorge mir Kästen, in denen ich Lebensmittelfamilien gruppieren kann. Wie schön ist es, eine gut sortierte Küche zu haben und endlich in einem Zug über eine leere Arbeitsfläche wischen zu können! Das spart Zeit!

Vorher

Nachher

Im Arbeitszimmer

Dieser Raum kann zu einem wahren Tohuwabohu werden, wenn man nicht gut organisiert ist. Und doch: Nachdem wir ein paar einfache, aber praktische kleine Sammelbehälter aufgestellt haben, sind die Dinge wieder übersichtlich. Und unser Geist kommt zur Ruhe, selbst wenn der gelbe Ordner alle noch offenen Rechnungen und die unbeantwortete Post enthält …

Vorher

Nachher

REZEPTUREN

NATÜRLICHE DIY-HAUSMITTEL

Unangenehme Gerüche beseitigen

Diese simplen Methoden sorgen für wohlriechende Textilien und Räume.

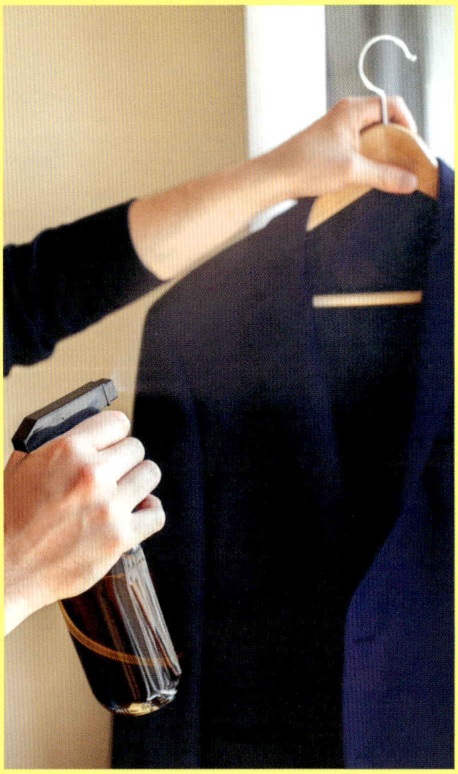

1 KLEIDUNG AUFFRISCHEN

Wir alle kennen die unliebsamen Gerüche von Küchendunst, Tabakrauch oder auch von Schweiß auf einem Kleidungsstück, das wir weder in der Waschmaschine noch sonst wie einfach reinigen können!

Erstaunlich, aber wahr!

Ich habe diese Technik im Rahmen meiner beruflichen Tätigkeit im Bereich der Oper kennengelernt. Manchmal reicht die Zeit zwischen zwei Aufführungen nicht aus, um die Kostüme vollständig zu reinigen. Dennoch ist eines sicher: Sie müssen aufgefrischt werden! Die Lösung?

Besprühe das Kleidungsstück mit reinem Wodka!

Beim Verdunsten wird der Alkohol den unangenehmen Mief mitnehmen und für Frische sorgen. Keine Sorge, der Geruch des Wodkas wird nicht zurückbleiben. Wenn es sich um ein Jackett handelt, kann man es zum Schluss mit dem vertikal gehaltenen Bügeleisen dämpfen, um den Stoff zu glätten und ihn wieder in Bestform zu bringen.

2 TIPP FÜR DAS WC

Lasst uns über das wahre Leben sprechen, wir sind ja unter uns!

Um bestimmte unangenehme Gerüche zu eliminieren, empfehle ich, auf dem Regal über der Toilettenschüssel eine kleine Untertasse und eine Streichholzschachtel zu platzieren ... Zünde dann bei Bedarf eines der Streichhölzer an, um den schlechten Gerüchen den Garaus zu machen. Ob unter Partnern, in der Familie oder mit Freunden und Kollegen: Dieser Trick wird viele unangenehme Momente vermeiden!

3 TEXTILERFRISCHER UND RAUMSPRAY

Ja, wir haben das Recht, uns selbst etwas Gutes zu gönnen! Und uns mit Düften zu umgeben, die wir mögen, ist eine tolle Möglichkeit dazu.

Natürliche Hydrolate (Pflanzenwässer) und ätherische Öle: Es gibt unendlich viele Duftkombinationen, um Wohlgerüche in unseren Alltag zu bringen! Für eine Sprühflaschenfüllung nehme ich:

- 500 ml Wodka
- 30 Tropfen ätherisches Öl nach Belieben*

** Informiere dich nach Möglichkeit im Fachhandel. Professionelle Beratung wird dir dabei helfen, das ätherische Öl auszuwählen, das zu deinen Bedürfnissen passt!*

Die Flasche vor jedem Gebrauch schütteln.

GUT ZU WISSEN
Achtung: Es ist wichtig, nach jedem Versprühen einige Minuten zu lüften.

CHALLENGE 4

ZEIT-
ERSPARNIS

Im Rhythmus der Aktivitäten putzen

Wie wäre es mit einem kleinen Spiel? Nachdem ich etwas berührt habe, wische ich es ab! Ein paar Sekunden genügen, um mit diesem »Berührt-also-putzen«-Spiel mehr Zeit zu sparen, als man denken könnte.

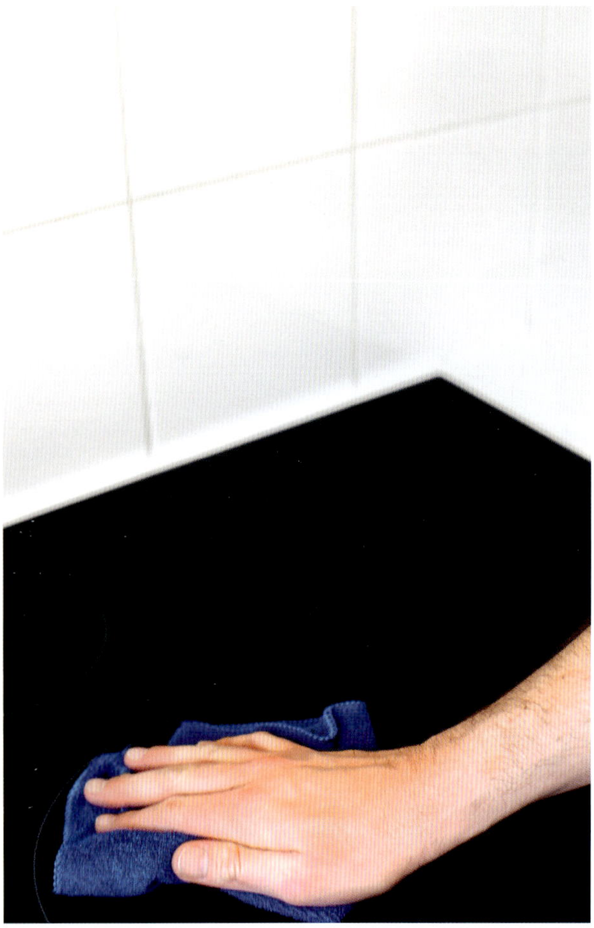

DAS »TOUCH-AND-WIPE«-SPIEL

Benutzte Bereiche gleich im Anschluss reinigen

In Küche, Wohnzimmer und Badezimmer habe ich mir das richtige Equipment am richtigen Ort bereitgelegt (Seite 12) und widme mich folgendem »Putz-Spiel«:

• Ich habe etwas Leckeres gekocht, also wische ich zuletzt das (abgekühlte) Kochfeld und die Arbeitsplatte ab!

• Ich habe Geschirr benutzt, also spüle ich es ab und trockne zuletzt mit einem Mikrofasertuch auch die Spüle.

• Ich habe mir die Zähne geputzt, also reinige ich danach mit einem Wisch das Waschbecken.

Kleine Handgriffe, aber effektiv!

Ich versichere dir, dass es diese winzigen »Reinigungshandgriffe« verhindern, dass sich Schmutz festsetzt … So verliert das Putzen all seine Schrecken, weil es so einfach ist und ein sofortiges Ergebnis bringt! Und wünschen wir uns das nicht alle?

Diverse »Erste-Hilfe Mittel« bereitstellen

Wenn ein »Alltagsunfall« passiert oder ich einfach das Bedürfnis habe, einmal kurz wo drüberzuwischen, ist ein selbst gemachter *Universalreiniger* aus *Savon noir liquide* und Wasser in einer Sprühflasche (Rezeptur siehe Seite 71) in Kombi mit einem Mikrofasertuch ideal für eine sanfte und schnelle Reinigung.

Kurz gesagt, ich habe nicht das Gefühl, »einen Putz-Marathon absolviert«, »Zeit verschwendet« oder »beträchtliche Kraft aufgewendet« zu haben, und trotzdem ist alles um mich herum sauber, blitzeblank und riecht frisch!

CHALLENGE 5

10 MINUTEN

Eine nützliche Abendroutine etablieren

Ich erledige jeden Abend drei kleine Aufgaben, bevor ich ins Bett gehe:

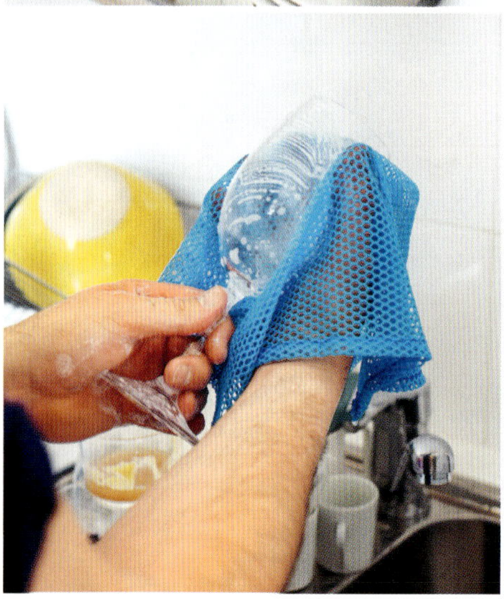

1 DIE SPÜLE LEER UND SAUBER HINTERLASSEN

Nach dem Kochen reinige ich das Geschirr und alles, was ich während der Zubereitung oder beim Essen benutzt habe.

Das ist eine Regel, die ich mir selbst auferlegt habe und an die ich mich mittlerweile automatisch halte: Alles muss aus der Spüle verschwinden!

Ich habe nicht das Glück, eine Geschirrspülmaschine mein Eigen zu nennen, aber ich genieße es sogar, alles von Hand zu spülen! Ein kostbarer Moment, in Ruhe, ohne Anrufe: pure Entspannung!

- Um es schnell zu erledigen, gruppiere ich das schmutzige Geschirr zunächst nach »Familien«: Besteck, Teller, Gläser, Schüsseln ...
- Ein bisschen *Savon de Marseille extra pur* (helle Kernseife) und warmes Wasser genügen, um eine perfekte Entfettung und Reinigung zu gewährleisten. Ich benutze gerne mein Reinigungstuch mit Wabennetz, aber es funktioniert natürlich auch mit einem Schwamm sehr gut!
- Nach dem Abspülen mit warmem Wasser trockne ich das Geschirr zum Schluss immer mit einem weichen Mikrofasertuch mit Waffelstruktur ab.

2 DAS GESCHIRR WEGRÄUMEN

Das Abtropfgestell ist zwar praktisch, sollte aber nicht als Dauerablage für Geschirr betrachtet werden. Wenn man Gegenstände übereinanderstapelt, wird das herabtropfende Wasser der »letzten« Stücke auf dem Stapel die liebevoll gereinigten unteren verschmutzen ... Und das wäre schade!

3 DEN BESEN SCHWINGEN

Wir produzieren nicht nur beim Kochen Schmutz, sondern auch beim Essen, Trinken (oder bei der Körperpflege im Badezimmer).

Ich möchte auf keinen Fall auf gesellige Momente am Esstisch oder auf der Couch verzichten (oder auf Badezimmerrituale, die mir einfach nur guttun)! Also fege oder sauge ich danach einfach schnell die Böden … um zu verhindern, dass sich all die kleinen Schmutzpartikel festtreten. Dabei denke ich an den vergangenen Abend zurück, an die Menschen, die ich getroffen habe, an die Gespräche, die wir geführt haben.

Eines sollten wir nicht vergessen:

Wo gehobelt wird, da fallen Späne!

EINMAL PRO WOCHE

Unverzichtbare Aktionen für Sauberkeit und Hygiene

Nun gehen wir einen Schritt weiter, aber auch hier gilt: Es erwarten uns keine Herkules-Aufgaben! Nur ein paar hilfreiche Handgriffe, die wir vornehmen müssen, damit alles im Alltag wie geschmiert läuft.

CHALLENGE 1 TEXTILIEN

5
MINUTEN
für 1 Korb

Wäsche waschen

Kleidung, Bettwäsche, Handtücher, Putzlappen – jede Woche kümmere ich mich darum. Sicherlich sind die Frequenz der Waschtage und die Anzahl der Waschmaschinenladungen bei jedem unterschiedlich. Aber bei uns allen fällt Schmutzwäsche an, egal, ob 1 oder 5 Körbe pro Woche.

1 WÄSCHE SORTIEREN

Nach Farben

Um zu verhindern, dass Weiß stumpf wird oder farbige Textilien auf andere abfärben, ist es wichtig, die Wäsche vor dem Waschen gut zu sortieren. Es gibt mehrere »Familien«, nach denen man trennen sollte: weiß, hell, bunt und dunkel. So vermeidet man unangenehme Überraschungen.

Nach Materialien und Waschtemperaturen

Einen Wollpullover bei 60 °C zu waschen und mit 1400 Umdrehungen zu schleudern, ist nur dann sinnvoll, wenn wir daraus ein Puppenkleid machen wollen. Aber Spaß beiseite, unser Ziel ist es, die Textilfasern zu schonen und sie nicht durch eine zu heiße Temperatur, eine zu lange Waschdauer oder ein zu starkes Schleudern zu beschädigen. Für jedes Material gibt es eine bestimmte Waschtemperatur. Ich empfehle daher, genau zu beachten, was auf den Etiketten der Textilien angegeben ist. Und, wie wir später noch sehen werden, ist heißes Wasser nicht unbedingt geeignet, um einen Fleck auszuwaschen.

2 SPEZIALBEHANDLUNG

Feinwäsche

Es gibt verschiedene Meinungen, aber ich persönlich plädiere dafür, bestimmte empfindliche Kleidungsstücke von Hand zu waschen. So lasse ich etwa Kaschmirpullovern lieber eine Spezialbehandlung zukommen (siehe Seite 44), als sie in die Maschine zu geben.

Putzlappen und Co

Alle Lappen, Wischtücher und Mopps, die ich unter der Woche benutzt habe, wasche ich wöchentlich bei möglichst heißer Temperatur in der Maschine. So habe ich jede Woche saubere Putzmaterialien zur Verfügung, die ich benutzen kann.

MEIN KLEINES PLUS
Bevor ich ein Kleidungsstück wasche, leere ich sämtliche Taschen (wir alle kennen die böse Überraschung, wenn sich ein vergessenes Papiertaschentuch beim Waschen zersetzt und auf der gesamten Wäsche verteilt hat). Ich knöpfe Hemden auf und binde bei Bedarf Gürtelriemen fest (wie etwa die von Schürzen), damit sich nicht die gesamte Wäsche an ihnen verheddert, was eine gute Waschleistung verhindern würde. Dunkle Wäsche drehe ich auf links, um eine Streifenbildung zu vermeiden.

CHALLENGE 1 TEXTILIEN

3 MINUTEN für 1 Hemd

Flecken vorbehandeln

Oft vergisst man es oder hält es für überflüssig, aber es ist mehr als ärgerlich, wenn die Wäsche, die man aus der Maschine holt, noch immer nicht richtig sauber ist. Ein paar Sekunden genügen, um Flecken vorzubehandeln und die Reinigung der Textilien zu optimieren.

1 WEG MIT DEM FLECK

Richtig vorbehandeln

Man behandelt einen Fleck mit kaltem Wasser, der richtigen Seife oder dem passenden Produkt, indem man von außen beginnt und sich der Mitte nähert (so vermeidet man ein Verbreitern des Flecks), und wenn möglich: auf der Vorder- und Rückseite der Stofflage, denn der Schmutz dringt in die Fasern ein und durchdringt das Kleidungsstück. Die mechanische Wirkung ist beim Vorbehandeln entscheidend. Ziel ist es, das verwendete Produkt gut in die Fasern einzuarbeiten.

Der Sache Zeit geben

Bevor man die Wäsche anschließend in der Maschine wäscht, sollte man das aufgetragene Produkt einige Minuten einwirken lassen, damit die Fleckentfernung auch wirklich optimal funktioniert.

Clever vorsorgen

Ich reibe vorsorglich mit einem Block *Savon de Marseille extra pur* (helle Kernseife), den ich zuvor angefeuchtet habe, über besonders durch den Hautkontakt strapazierte Stellen (wie etwa Kragen, Handausschnitte und Achseln). So handele ich vorausschauend und meine Hemden kommen immer makellos aus der Maschine!

MEIN KLEINES PLUS
Behandele den Fleck so schnell wie möglich, um zu verhindern, dass er sich zu tief in die Fasern eingräbt. Wasche ein Kleidungsstück nicht mit heißem Wasser, ohne den Fleck vorzubehandeln, denn Hitze fixiert den Fleck in den Fasern … Keine Zeit, das Kleidungsstück sofort zu waschen? Macht nichts – verreibe einfach etwas feuchte *Savon de Marseille extra pur* (helle Kernseife) darauf, sodass sie den Fleck in einer dünnen Schicht abdeckt, und kümmere dich später weiter um die Sache!

Rotwein

Schmieröl

Kaugummi

2 SONDERFÄLLE

Rotwein

Verwende niemals Salz, damit der Fleck nicht fixiert wird! Ich spüle den Wein mit kaltem Leitungswasser (oder Sprudelwasser) aus und bedecke den Fleck mit Gallseife. Der rote Fleck wird blau. Ich lasse die Seife einige Minuten einwirken und wasche das Textil dann normalerweise in der Waschmaschine.

Schmieröl

Mit einem Esslöffel schabe ich so viel Öl wie möglich ab. Ich massiere einen Klecks Butter in den Fleck ein, um ihn zu anzulösen. Ich lasse die Butter 1 Stunde lang einwirken, bedecke den Fleck dann mit Gallseife und wasche das Textil anschließend in der Waschmaschine.

Kaugummi

Ziel ist es, den Kaugummi zu härten, indem ich einen Eiswürfel darauflege. Dann kann ich den Kaugummi leicht abziehen. Wenn ein Fleck bleibt, feuchte ich den Stoff an und reibe ihn mit *Savon de Marseille extra pur* (helle Kernseife) ein, bevor ich das Textil normal in der Waschmaschine wasche.

Eine undefinierbare Substanz?

Es gibt Flecken, die man leicht identifizieren kann. Bei anderen gelingt das weniger gut – und es stellt sich die Frage, wie man vorgehen soll, wenn man die Verursachersubstanz nicht kennt.

Ich beginne immer mit dem einfachsten und neutralsten Produkt: kaltem Wasser. Wenn das nichts hilft: *Savon de Marseille extra pur* (helle Kernseife). Dann Gallseife. Zwischen jedem Testdurchgang spüle ich das Textil unter fließendem Wasser aus.

Meistens merke ich, dass ein Fleck bei dieser Vorwäsche zu verblassen beginnt, und das ist ein gutes Zeichen! Dann bin ich auf der richtigen Spur und mache mit der Behandlung weiter.

REZEPTUREN

NATÜRLICHE DIY-HAUSMITTEL

Waschmittel selbst herstellen

Es ist ganz einfach, Waschmittel selbst herzustellen. Es wird zwar nicht wie ein Produkt aus dem Laden duften, aber ich bin davon überzeugt, dass es manchmal gut ist, sich auf das Wesentliche zu besinnen.

1 WASCHMITTEL

Ergibt 2 Liter

- 60 g *Savon de Marseille extra pur* (weiße Kernseife), gerieben oder in Späne gehobelt
- 2 l Wasser
- 2 EL Sodakristalle (optional)

1. In einem Topf die Seife in 1 l kochendem Wasser auflösen. Sobald die Mischung homogen ist, sie 24 Stunden stehen lassen.

2. Die Mischung mit 1 l weiterem kochendem Wasser verdünnen. Ich benutze einen Stabmixer, um das Ganze zu homogenisieren.

3. Optional die Sodakristalle untermixen.

4. Mithilfe eines Trichters die fertige Mischung in verschließbare Flaschen oder Gläser abfüllen.

Bei Bedarf 100 ml des Waschmittels in einer Dosierkugel direkt in die Trommel geben.

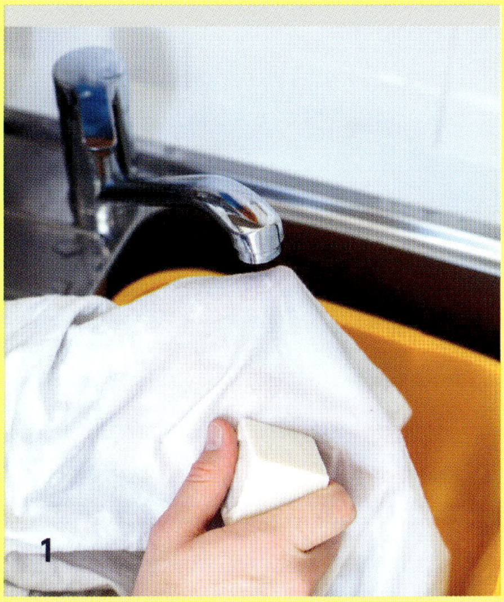

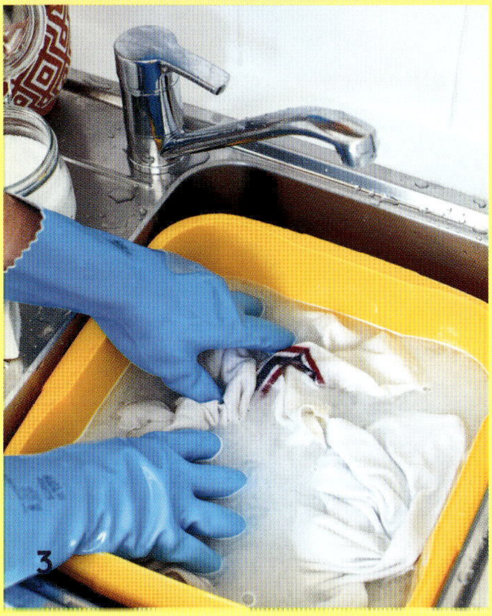

◆2 FÜR STRAHLEND WEISSE WÄSCHE

Laken, Kissenbezüge, Bettbezüge, Tischdecken, Kleidung … Weiße Wäsche verdient es manchmal, dass man ihre Strahlkraft auffrischt!

1. Die Wäsche mit kaltem Wasser anfeuchten und mit einem Würfel *Savon de Marseille extra pur* über die besonders vergilbten oder grau gewordenen Stellen reiben. Etwa 15 Minuten einwirken lassen.

2. 3 EL Natriumpercarbonat in etwa 5 l sehr heißem Wasser auflösen (in einer Schüssel oder einem Eimer, je nachdem, wie viel Wäsche man behandeln möchte und welche Behälter man zur Verfügung hat).

3. Die Wäsche in diese Lösung tauchen und mindestens 2 Stunden einwirken lassen. Danach wasche ich die Wäsche bei 40 °C in der Maschine (Bettwäsche und Handtücher manchmal bei 60 °C).

MEIN KLEINES PLUS

Diese Aktion muss natürlich nicht vor jedem Waschgang wiederholt werden, nur bei Bedarf. Für normale Weißwäschen füge ich meinem DIY-Waschmittel in der Dosierkugel einfach 1 EL Natriumpercarbonat hinzu.

15
MINUTEN
für 3 Pullis

Wolle von Hand waschen

Ich reinige Textilien aus Wolle lieber von Hand, weil ich dabei die Temperatur sowie die Behandlung steuern kann und böse Überraschungen vermeide. Falls doch in der Maschine, empfehle ich, Wolltextilien auf links gedreht in einem geeigneten Netz mit dem Wollprogramm zu waschen.

SCHRITT FÜR SCHRITT

1. 1–2 EL *Savon noir liquide* (flüssige schwarze Seife) in einem Eimer in 5 l raumtemperiertem Wasser auflösen.

2. Den Wollpullover in die Mischung tauchen, bis er sich vollgesogen hat und komplett mit der Mischung bedeckt ist. 10 Minuten einweichen, dabei den Pulli gelegentlich sanft bewegen und walken, um den Schmutz zu lösen. Mit klarem (raumtemperiertem) Wasser ausspülen.

3. Danach das Wasser sehr sanft ausdrücken (dabei aber den Pullover nicht grob in sich selbst verdrehen, sondern das Wasser nur mit sanftem Druck aus den Fasern drücken (der Pullover wird danach noch sehr nass sein, das ist okay).

4. Ein trockenes Frotteehandtuch flach auf einen Wäscheständer in einem gut belüfteten Raum legen. Den nassen Pullover flach darauflegen, sanft flach streichen und mit einem zweiten Frotteehandtuch bedecken.

5. Einige Stunden später, sobald der Pullover nur noch leicht feucht ist, trockne ich ihn gerne hängend auf Kunststoffbügeln mit breiten Schulterpolstern (um die Rundung der Schultern zu berücksichtigen) an einem gut belüfteten Ort fertig.

Tipp

»Anti-Pilling«-Methoden

Es ist ganz normal, dass unsere Lieblingspullover aus Kaschmir, Mohair oder generell aus Wolle irgendwann anfangen zu fusseln. Ich gehörte noch nie zu der Fraktion »Ich lege meinen Pulli ins Gefriergerät«, um dem unliebsamen »Pilling« vorzubeugen, denn erstens habe ich dafür keinen Platz im Gefriergerät und zweitens gibt es einfachere Methoden! Man kann die Knötchen eines nach dem anderen entfernen oder einen Wollkamm oder batteriebetriebenen Fusselrasierer verwenden. Alternativ kann man auch einen alten Einwegrasierer benutzen und mit der Klinge ganz behutsam über die betroffenen Stellen streichen. Das entfernt die Fussel und Knötchen einfach und effektiv!

1

2

3

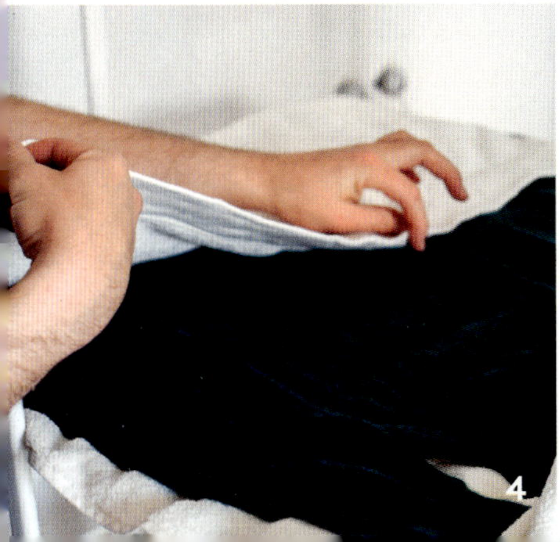
4

5

10 MINUTEN für 1 Maschine

Wäsche trocknen

Die Wäsche muss schnell trocknen, damit der Wäscheständer nicht ewig lange den Raum blockiert – und damit die Textilien keine Gerüche aus der Umgebung annehmen oder schimmeln. Gut aufgehängt kann man bei vielen Stücken auf das Bügeln verzichten, und das spart Zeit!

1 DIE WÄSCHE VOR DEM AUFHÄNGEN SORTIEREN

Wenn man die nasse Wäsche nach Arten gruppiert (Socken, Unterhosen, T-Shirts, Hosen, Handtücher ...), kann man sich ein Bild davon machen, wie viel Platz jede »Familie« auf dem Trocknergestell einnehmen wird.

Und das Abhängen der Wäsche geht schneller, wenn beispielsweise alle Socken in einem Bereich hängen (oder in der Luxusvariante paarweise aufgehängt wurden).

MEIN KLEINES PLUS

Wenn dir beim Aufhängen der Wäsche im Freien ein Kleidungsstück auf den Boden fällt, ist das kein Drama. Lasse das Textil trocknen, bevor du den Schmutz entfernst! Wenn du den Schmutz sofort behandeln würdest, würdest du ihn nur in die nassen Fasern hineinarbeiten.

2 SCHRITT FÜR SCHRITT

1. Ich beginne mit dem Aufhängen der Stücke, die am meisten Platz in der Höhe einnehmen, damit sie ausreichend Raum haben und beim weiteren Aufhängen nicht stören.

2. Dann hänge ich von unten nach oben und von der Mitte zu den Enden jeder Etage Textil für Textil auf, wobei ich darauf achte, so gut wie möglich den Nähten zu folgen, damit möglichst wenig Falten entstehen. Es ist wichtig, dass die Luft gut zirkulieren kann, daher hänge ich jedes Stück wenn möglich über zwei Trocknerstreben auf.

3. Hemden oder Blusen hänge ich auf Bügel und diese dann an das Trocknergestell.

Tipp

Gut gesichert

Wenn man Wäsche im Freien aufhängt, sollte man die die Enden von Poloshirts, T-Shirts, Sweatshirts und Hemden mithilfe von Wäscheklammern aneinander auf der Leine fixieren. Manche Stücke können auch zu zweit oder zu dritt mit einer Wäscheklammer zusammengefasst werden: Unterwäsche, Socken, Putzlappen usw.

CHALLENGE 1 **TEXTILIEN**

Wäsche trocknen

Ich nehme mir die Zeit, die ich brauche …

Ja, ich spare Zeit, indem ich mir Zeit lasse. Damit die Wäsche besser trocknet (schneller, geruchsfrei und mit weniger Falten), achte ich darauf, dass ich meine Socken nicht »kugelförmig« aufhänge und dass meine T-Shirts keine Falten werfen.

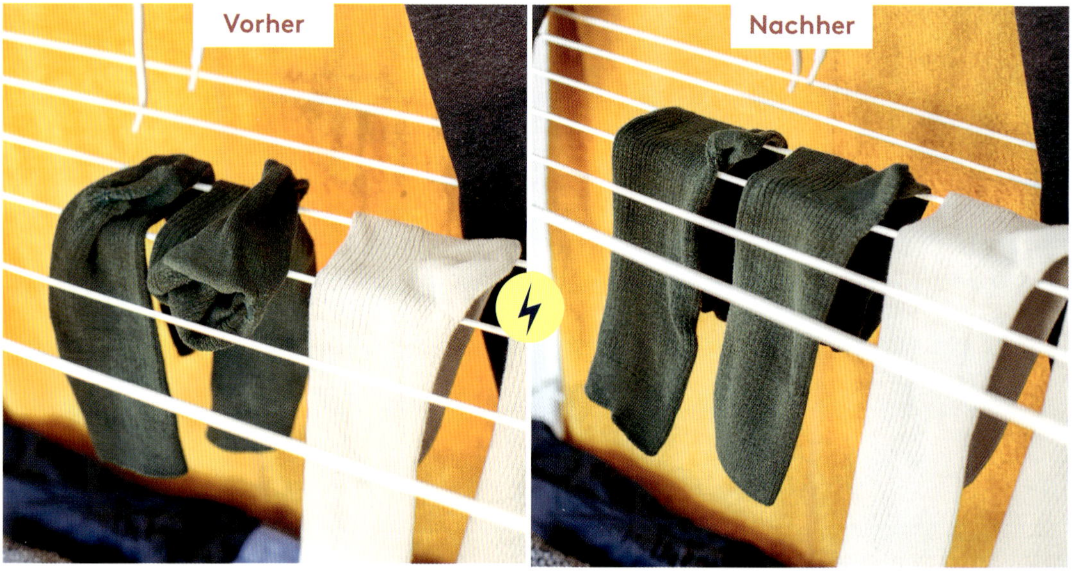

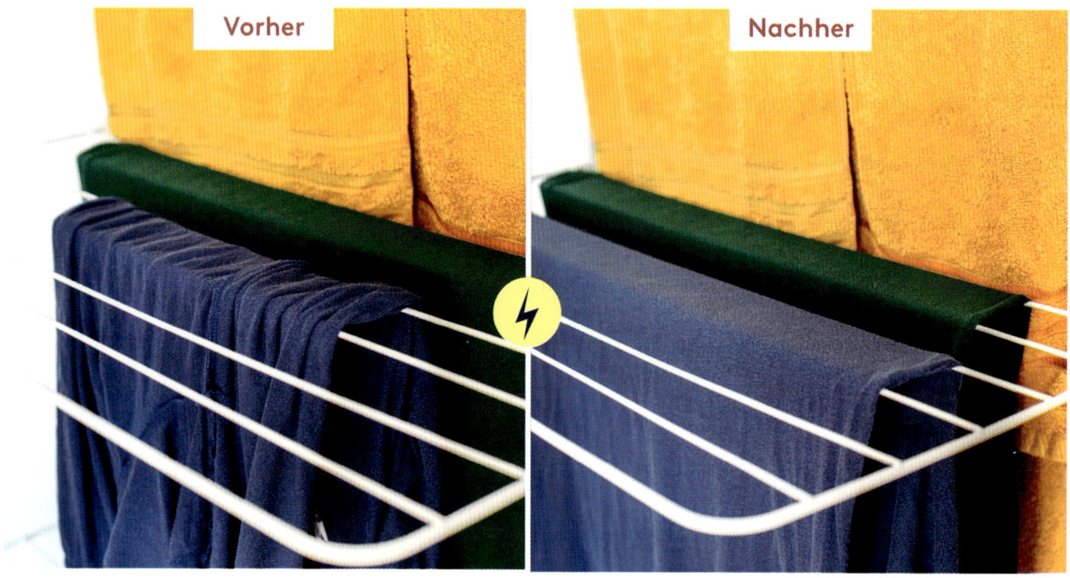

3 LAKEN UND CO

Für Bettlaken, Tischdecken und Bettbezüge habe ich oben an meinen Türen passende Haken angebracht, an denen ich sie einfach aufhängen kann. So trocknen diese großen Wäschestücke perfekt, schnell und ohne Platz auf dem Trockner zu beanspruchen!

CHALLENGE 1 **TEXTILIEN**

5 MINUTEN für 1 Hemd

Bügeln

Ich liebe es zu Bügeln, aber ich habe nicht unbegrenzt Zeit. Also konzentriere ich mich auf das, was es wirklich braucht!

1 GUT GEBÜGELTE KLEIDUNG IST TOLL!

Es hängt immer davon ab, wie viel Wäsche ich zu bewältigen habe, aber eine Art von Textil, die ich auf jeden Fall bügele, sind Hemden.

Je nachdem, was man bügelt, muss man die Temperatur des Bügeleisens an das Material des Textils anpassen. Dabei ist es ratsam, mit der niedrigsten Einstellung zu beginnen und sich dann zu den Stoffen vorzuarbeiten, die eine intensivere Temperatur vertragen.

In der Regel besitzt der Thermostat eines Bügeleisens mindestens 3 mögliche Einstellungen:

• (nicht heiß), •• (mäßig heiß) und ••• (heiß). Auf den Etiketten der Wäsche erscheint ebenfalls das Symbol eines Bügeleisens, in Verbindung mit der empfohlenen Einstellung.

Um bei Kleidungsstücken aus gemischten Materialien auf Nummer sicher zu gehen, bügele ich mit der empfohlenen Temperatur für das empfindlichste Material. Ich drehe außerdem bestimmte Textilien oder Teile davon auf links. Das beugt unliebsamen Überraschungen vor und kann auch sehr praktisch sein: Oft kommt man so besser an schwer zugängliche Stellen heran (wie etwa bei Einsätzen, Knopfleisten oder Taschen). Außerdem schont man empfindliche Aufdrucke oder Applikationen. Und bei dunklen Stücken verhindert das Auf-links-Bügeln unschöne Bügelschlieren oder »Glanzflecken« auf der Vorderseite.

Symbol auf dem Etikett	Art der Fasern	Einstellung	Tipps
	Synthetische Stoffe: Polyester, Acryl, Viskose, Nylon ...	•	Mit einem Bügeltuch und ohne Dampffunktion bügeln.
	Stoffe tierischen Ursprungs: Seide, Kaschmir, Mohair, Wolle im Allgemeinen ...	••	Mit einem Bügeltuch ohne Dampffunktion bügeln oder vertikal glätten mit dem Dampf des Bügeleisens aus 15-20 cm Entfernung.
	Stoffe pflanzlichen Ursprungs: Leinen, Baumwolle, Jute ...	•••	Mit Dampfeinstellung bügeln, da stärkere Knitterneigung.

2 UTENSILIEN

Bügeleisen und Bügelbrett
Alternativ eine Dampfbügelstation, wenn man jede Woche viel bügeln muss.

Weiche Bürste
Insbesondere dann, wenn man Wäsche im Freien aufgehängt hat und Staub und Pollen an ihr haften geblieben sind.

Sprühflasche mit entkalktem Wasser
Wenn ich die Falten nicht wegbekomme, weil die Wäsche zu stark zerknittert ist, besprühe ich sie leicht mit Wasser, und diese Feuchtigkeit hilft mir, ein perfektes Ergebnis zu erzielen!

Bügeltuch
Für empfindliche oder dunkle Wäsche, die den direkten Kontakt mit dem Bügeleisen und dessen Hitze nicht vertragen würde, eignet sich ein spezielles Bügeltuch oder ein fusselfreies weißes Baumwolltuch, das zwischen Wäsche und Bügeleisen gelegt wird.

Bügeln

3 SCHRITT FÜR SCHRITT

Der Schlüssel zu schön gebügelten Hemden und Blusen:

1. Ich beginne mit dem Kragen, erst auf der einen, dann auf der anderen Seite.

2. Dann bügele ich Ärmel für Ärmel, jeweils beginnend mit der Handöffnung.

3. Durch diese Öffnung gleite ich mit dem Bügeleisen so weit wie möglich in den Ärmel hinein. Dadurch werden einige unangenehme Falten vermieden und der folgende Schritt ist leichter auszuführen.

4. Sobald das Handgelenk perfekt gebügelt ist, breite ich den Ärmel flach auf dem Bügelbrett aus und streiche den Stoff mit den Fingern glatt, damit er faltenfrei ist, bevor ich den Ärmel über die gesamte Länge bügele.

5. Dann mache ich mich an die Seitenteile und den Rücken, wobei ich besonders auf die Partie unterhalb des Kragens achte, zwar nur ein Detail, das allerdings beim Tragen des Textils gut sichtbar ist. Dabei ziehe ich das Hemd über das abgerundete Ende des Tischs.

6. Bei der Knopfleiste gehe ich nicht so systematisch vor, aber manchmal wende ich das Hemd und bügele diese Partie auch auf links.

7. Ich knöpfe die ersten beiden Knöpfe zu und hänge das Hemd auf einem Bügel in den Kleiderschrank.

Tipp

Praktische Schutzhüllen recyceln

Wer ab und zu ein Kleidungsstück professionell reinigen lässt (Hemd, Mantel, Jackett ...), sollte die Plastikhülle, in der das gesäuberte Textil übergeben wird, nicht wegwerfen. Bei der nächsten Reise kann man wunderbar ein Kleidungsstück darin verpacken, bevor man es in den Koffer legt. Es wird unbeschädigt und knitterfrei wieder herauskommen. Diesen Trick habe ich unzählige Male praktiziert, als ich beruflich viel unterwegs war.

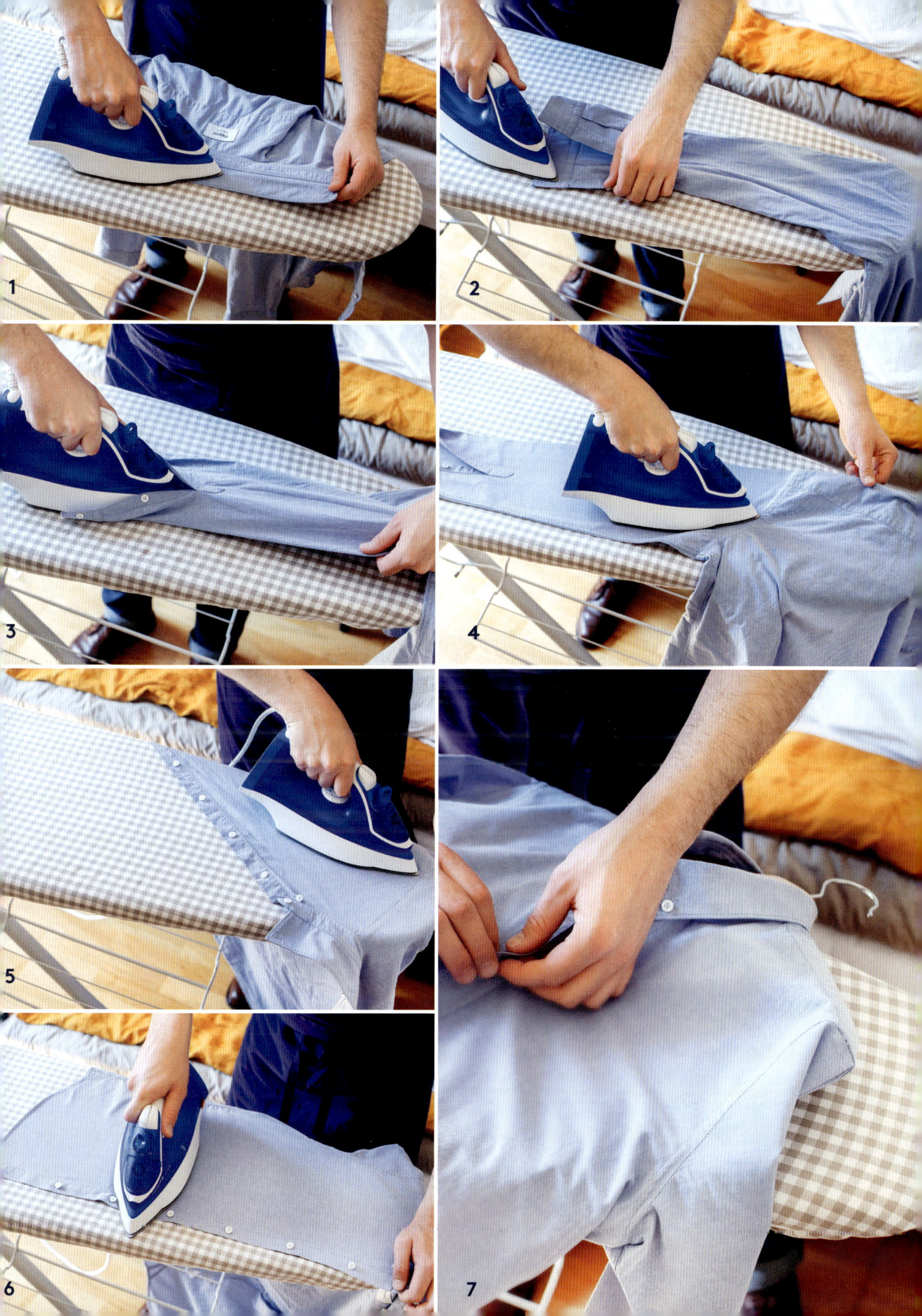
1
2
3
4
5
6
7

CHALLENGE 1 TEXTILIEN

ZEIT-
ERSPARNIS

Wäsche falten und verstauen

Ich habe beschlossen, mich nicht mehr von schlecht organisierten Wäschebergen in meinem Schrank stressen zu lassen. Einen klaren Überblick über meine Garderobe zu haben, erleichtert mir den Alltag und spart mir eine Menge Zeit! Mein Tipp: Akkurat falten!

1 T-SHIRTS

1. Ich lege mein T-Shirt flach so auf eine plane Arbeitsfläche, dass die Rückseite des T-Shirts zu mir zeigt. Ich lege ein ausgewähltes Küchenbrett (das von der Breite her genau in eine meiner Aufbewahrungsboxen oder Schubladen passt) zentriert zum Kragen hin auf das Shirt.

2. Ich schlage einfach die beiden Seiten des Shirts um und verwende dabei das Brett als »Schablone«.

3. Anschließend falte ich das Shirt in der Höhe.

4. Mithilfe der Grifföffnung ziehe ich das Brett aus dem Shirt.

5. Ich falte das Shirt 2-mal in gleich großen Teilen in sich selbst.

6. Das Shirt ist perfekt gefaltet und kann in meine Aufbewahrungsbox geschoben werden.

7. Ich persönlich sortiere meine Shirts nach Farben in der Aufbewahrungsbox, aber das ist natürlich kein Muss.

MEIN KLEINES PLUS

Auf Seite 104 gehe ich noch genauer darauf ein, aber ich versuche, meine Kleidung (wieder einmal) nach »Familien« zu gruppieren, um mich in meinem Kleiderschrank und meinen Kommoden besser zurechtzufinden. Nachdem ich die Regalböden und Schubladen ausgemessen habe, mache ich mich auf die Suche nach Aufbewahrungsboxen mit den richtigen Maßen. Es gibt eine Vielzahl von Lösungen in allen Größen, Formen und Farben, und zu jedem Preis.

1
2
3
4
5
6
7

Wäsche falten und verstauen

2 JEANS/HOSEN

Genau wie bei T-Shirts besitze ich eine kleine Sammlung davon. Und ich mag es, wenn meine Hosen perfekt sortiert sind, was für mich bedeutet: übersichtlich und gut zugänglich!

1. Ich lege die Jeans mit dem Hosenschlitz zu mir gerichtet auf das Bügelbrett oder auf einen Tisch.

2. Ich ziehe jedes Bein entlang der Nähte horizontal nach oben, sodass die Fußsäume auf Taillenhöhe liegen, und falte das gesamte Bein dann noch einmal in sich selbst.

3. Dann falte ich die Jeans vertikal in der Mitte.

4. Die Jeans ist perfekt gefaltet, also kommt die nächste dran.

5. Was für ein zufriedenstellendes Ergebnis! Nun kann ich meine Jeans gut sortiert in meinem Kleiderschrank verstauen und alles sieht schon ganz anders aus!

MEIN KLEINES PLUS
Mein Video auf Instagram wurde vielfach kommentiert. Ich möchte hier noch erwähnen, dass bei dieser Falt-Technik im Gegensatz zu anderen nur zwei Faltungen benötigt werden, da die letzte der Gesäßnaht folgt. Geht es noch unkomplizierter?

4

5

CHALLENGE 1 TEXTILIEN

8 MINUTEN

Bettdecken beziehen

Kaum etwas ist gemütlicher als ein faltenfrei und frisch bezogenes Bett. Und es gibt eine bemerkenswerte Technik, um sogar die Bettdecke ganz mühelos zu beziehen!

EINE EFFEKTIVE METHODE

1. Ich wende den Bettbezug auf links, sodass die Nähte außen liegen und sichtbar sind. Dann breite ich ihn flach auf der mit dem Spannbettlaken bezogenen Matratze aus und zentriere ihn perfekt im Verhältnis zur Matratze. Die obere Kante des Bezugs positioniere ich so, dass sie passgenau auf der Oberkante des Kopfteiles der Matratze liegt.

2. Dann lege ich die Bettdecke zentriert auf den Bezug, und zwar so, dass ihre Oberkante genau auf einer Linie mit dem oberen Rand der bezogenen Matratze am Kopfteil liegt.

3. Dann bringe ich die beiden Teile zusammen, indem ich den Bezug zusammen mit der Bettdecke vom Kopfende des Bettes bis zum Fußende mehrere Male aufwickele bzw. umschlage. Es ist egal, wie groß der erste Umschlag ist, es muss nur praktisch und einfach sein, ihn auszuführen.

4.–5. Sobald ich beim Umschlagen am Fußende des Bettes angekommen bin, schiebe ich meine linke Hand samt Unterarm entlang der Naht der einen Seite durch die Öffnung des Bezugs, um von innen heraus den »Wickel« zu schnappen und den Bezug mit der andern Hand darüberzustülpen. Dann mache ich das Gleiche auf der anderen Seite. Zugegeben, diesen Schritt muss man erst einmal üben. Aber sobald man die Technik verinnerlicht hat, ist sie fantastisch.

6. Zuletzt wickele ich den »Wickel« bis zum Kopfende des Bettes ab. Nach ein paar winzigen Handgriffen sitzt dann alles perfekt – ohne jegliche körperliche Anstrengung.

MEIN KLEINES PLUS
Dieses Thema war Gegenstand eines meiner Videos auf Instagram. Du kannst es dir auf @bgin.clean ansehen, wenn du eine genauere Anleitung benötigst. Aber wir haben alles gegeben, um diese Methode durch die Fotos verständlich zu machen!

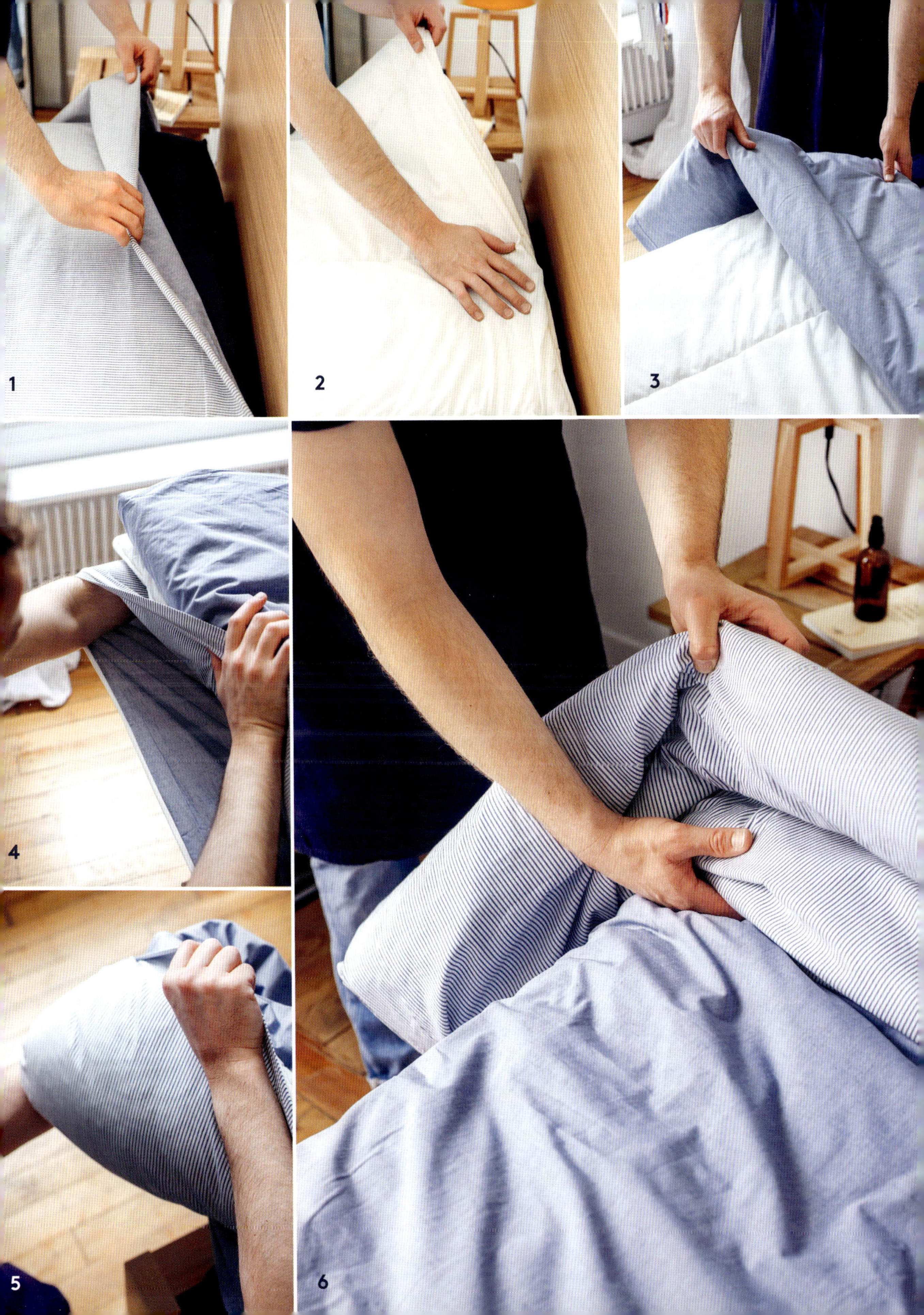
1
2
3
4
5
6

CHALLENGE 2 REGALE UND WÄNDE

5 **MINUTEN** für 1 Regal

Staubwischen

Ob in der Stadt oder auf dem Land: Staub ist überall! Und seien wir ehrlich: Ein staubiges Zimmer sieht irgendwie ungepflegt aus ... und für unsere Gesundheit sind die kleinen Partikel auch nicht unbedingt gut!

1 DIE AUSRÜSTUNG

Teleskop-Staubwedel

Er ist ideal für Spinnweben an der Decke sowie für Staub auf den Oberseiten von Türrahmen und Möbeln. Da mein Staubwedel auf einer Teleskopstange montiert ist, kann ich mühelos auch hoch gelegene Stellen erreichen, die oft vernachlässigt werden, weil sie schlecht sichtbar oder schwer zugänglich sind.

Herkömmlicher Staubwedel

Für Bücherregale, Bilderrahmen, Spiegel oder Regale, die sensible Gegenstände beherbergen oder einfach zu viele, um sie jede Woche einzeln zu reinigen. Der Wedel hält den Staub durch Reibung und dank der statischen Elektrizität, die diese erzeugt, fest.

Staubtuch

Dieses Tuch hilft mir, Staub von glatten, sensiblen Oberflächen abzuwischen, da es ihn dank seiner langen Mikrofasern gut festhält.

2 VON OBEN NACH UNTEN ARBEITEN, ALSO VON DER DECKE BIS ZUM BODEN

Staubpartikel sind zwar leicht, aber auch sie unterliegen den Gesetzen der Schwerkraft. Es wäre also sinnlos, mit dem Wohnzimmertisch zu beginnen und erst später Decke und Türrahmen abzustauben, da der dabei aufgewirbelte Staub dann hinunter auf den gerade geputzten Tisch sinken würde.

Ich identifiziere daher drei Hauptbereiche in meiner Wohnung – und für jeden verwende ich das geeignete Werkzeug:

Obere Bereiche: Teleskop-Staubwedel

Mittlere Bereiche: Herkömmlicher Staubwedel

Untere Bereiche: Staubtuch

Wie du vielleicht bemerkt hast, nenne ich hierbei keinen Staubsauger. Ich habe ihn aber keineswegs vergessen und werde auf dieses Thema später noch näher eingehen.

mille ans de contes
FRANCK THILLEZ
POCKET
BOGDANOV
LE VISAGE DE DIEU
GRASSET
Fayard
WILLIAM BOYD
SOLO
SEUIL
GEOGUIDE
Andalousie
INDONÉSIE
AMSTERDAM
MICHAEL CONNELLY
THE DROP

CHALLENGE 3 OBERFLÄCHEN

15 MINUTEN

Die Küche putzen

Sobald es uns gelungen ist, das auf Seite 30 vorgestellte »Touch-and-Wipe«-Spiel in den Alltag einzubauen, ist das eigentliche Putzen keine so große Sache mehr. Manche Oberflächen verdienen jedoch einmal pro Woche etwas mehr Aufmerksamkeit, um hygienisch sauber zu werden.

EIN SYSTEM, DAS FÜR EINWANDFREIE HYGIENE SORGT

Wie beim Staubwischen gibt es auch beim Reinigen von Oberflächen eine Reihenfolge, die eingehalten werden sollte.
In der gesamten Wohnung beginne ich mit dem, was am saubersten ist, denn jeder Bereich hat einen anderen »Verschmutzungsgrad«. Ein Beispiel: Im Bad beginne ich die Reinigung mit dem Waschbecken und arbeite mich dann über Duschwände und Badewanne zum WC vor.
Und ich vermische die Putzwerkzeuge nicht, aus hygienischen Gründen, um Schmutz und Mikroorganismen von stärker belasteten Bereichen nicht auf andere zu übertragen. Ich benutze also ein bestimmtes Tuch für die Waschbeckenreinigung, ein eigenes für das WC und wiederum mehrere andere für das Reinigen der Küche. Um dies zu gewährleisten, haben wir keine andere Wahl, als uns mit ausreichend Putztüchern auszustatten und über einen Farbcode nachzudenken, der für uns plausibel ist und der uns auch optisch gefällt. Nach ein paar Wochen, das kann ich dir versichern, empfindet man diesen Code dann als ganz selbstverständlich.

1 VON OBEN NACH UNTEN ARBEITEN

Ich nehme zunächst die Aufbewahrungsbehälter aus den Regalen und wische mit einem mit Wasser befeuchteten Wischtuch und etwas *Savon de Marseille extra pur* (helle Kernseife) über die Regalböden.

Anschließend kümmere ich mich um die kleinen Küchenhelfer, die im Alltag benutzt wurden: Kaffeemaschine, Wasserkocher, Mixer, Toaster, verschiedene Küchenmaschinen usw.

Dann nehme ich die Schranktüren und Schubladen, die Fronten von Kühlschrank und Backofen in Angriff.

Danach widme ich mich der Reinigung der Dunstabzugshaube (siehe Seite 66), der Arbeitsplatte und der Kochfelder (Seite 64).

Das Spülbecken reinige ich erst ganz zuletzt (Seite 68), denn ich benutze es während der gesamten Putzaktion, um beispielweise die Wischtücher zwischendurch auszuwaschen oder bestimmte Gegenstände zu reinigen.

Die Küche putzen

2 ELEKTRO-KOCHFELDER

Glaskeramik- und Induktionskochfelder sind empfindlich, und wenn sich beim Kochen einmal Lebensmittel darauf festgesetzt haben, benutze ich niemals aggressive chemische Mittel oder grobe Schwämme, die die Oberfläche schädigen könnten!

1. Ich bedecke das Kochfeld 15 Minuten lang mit einem Tuch, das ich unter sehr heißes Wasser gehalten und nur ganz leicht ausgewrungen habe. Dadurch werden Schmutzpartikel, die sich festgesetzt und angesammelt haben, sanft aufgeweicht.

2. Mithilfe eines Schabers, der speziell für Glaskeramik- und Induktionskochfelder vorgesehen ist, kann ich dann alle Verkrustungen leicht entfernen.

3. Ich nehme den Schmutz mit einem weichen Wischtuch auf.

4. Zum Schluss reinige ich das gesamte Kochfeld mit meinem Reinigungstuch mit Wabennetz und *Savon de Marseille extra pur* (helle Kernseife). Dann wische ich mit dem ausgewaschenen und ausgewrungenen Tuch nach und trockne zuletzt das Kochfeld mit einem weichen Mikrofasertuch ab, um eine makellos saubere Optik zu erhalten.

Gasherd

Bei einem Gasherd entferne ich die Kochaufsätze und lege sie in ein Bad aus heißem Wasser mit 2 EL Zitronensäurepulver. Die Kochfelder selbst bedecke ich dann mit einem mit heißem Seifenwasser getränkten Geschirrtuch, um den Schmutz aufzuweichen. Das erleichtert die Reinigung! Mit einem Schwamm oder einem Reinigungstuch mit Wabennetz schrubbe ich den Schmutz dann endgültig weg und entferne ihn. Für ein perfektes Ergebnis trockne ich zuletzt alles mit einem weichen Mikrofasertuch ab.

1

2

3

4

Die Küche putzen

1

2

3

3 DUNSTABZUGSHAUBE

Sie ist oft sehr präsent und gut sichtbar in der Küche. Ich mag es, wenn sie schön sauber ist und glänzt.

1. Ich tränke mein Reinigungstuch mit Wabennetz mit Wasser und *Savon de Marseille extra pur* (helle Kernseife).

2. Ich schrubbe die Dunstabzugshaube in kreisenden Bewegungen ab (es muss schäumen!).

3. Ich wische mit einem unter heißem Wasser angefeuchteten und gut ausgewrungenen Wischtuch nach.

4. Zum Schluss trockne und poliere ich die Dunstabzugshaube mit einem weichen Mikrofasertuch, um ein perfektes Ergebnis zu erzielen.

MEIN KLEINES PLUS
Wenn ich wenig Zeit habe und die Dunstabzugshaube nicht sehr schmutzig ist (z. B. nur ein paar Fingerabdrücke), gebe ich einfach ein paar Tropfen Haushaltsalkohol auf die Haube und wische mit einem weichen Mikrofasertuch darüber. Und schon habe ich ein glänzendes Ergebnis.

Die Küche putzen

4 SPÜLBECKEN

Du hast es nicht geschafft, das auf Seite 30 vorgestellte »Touch-and-Wipe«-Spiel durchzuziehen, und deine Spüle ist ziemlich verdreckt? Hier eine kinderleichte Lösung, um den ursprünglichen Glanz im Nu wieder herzustellen!

1. Ich sprühe selbst gemachten *Kalkreiniger* (siehe Seite 71) auf die gesamte Spüle und lasse ihn etwa 5 Minuten einwirken.

2. Dann wische ich die Spüle mit einem Wischtuch sauber und spüle mit klarem Wasser nach.

3. Zuletzt trockne ich die Spüle mit einem weichen Mikrofasertuch ab, um ein makelloses Ergebnis zu erzielen. Genauso wie bei der Dunstabzugshaube wirkt es Wunder, wenn man nach dem Reinigen und vor dem Trocknen ein paar Tropfen Haushaltsalkohol verwendet.

MEIN KLEINES PLUS

Für Spülbecken aus Emaille oder Kunststoff verwende ich *Savon de Marseille olive* (grüne Kernseife aus Olivenöl) und Natriumbicarbonat (Natron). Eine Kombination, die wunderbar funktioniert, um perfekt zu reinigen und selbst die hartnäckigsten Flecken zu entfernen. Meine Freunde von La Corvette Marseille bieten zum Beispiel ein Geschirrspülmittel namens *Savon vaisselle enrichi au bicarbonate de soude* an, das man prima für die Spülbeckenreinigung »zweckentfremden« kann.

5 MÜLLEIMER

Zwei Dinge tue ich regelmäßig, bevor ich den Mülleimer mit einer neuen Mülltüte ausstatte:

1. Ich streue ein wenig Natriumbicarbonat (Natron) auf den Boden des Mülleimers. Es absorbiert schlechte Gerüche wirklich effektiv. Und einmal pro Woche entferne ich das alte Natriumbicarbonat mit dem Staubsauger und streue neues hinein.

2. Ich habe außerdem von einem alten Frotteehandtuch ein Stück abgeschnitten, das ich auf den Boden des Mülleimers lege. Falls etwas durch den Beutel sickert, wird es direkt aufgesaugt und setzt sich nicht in der Struktur des Eimers fest. Den Stoff wasche ich dann zusammen mit meinen Putztüchern bei heißer Temperatur in der Waschmaschine.

Tipp

Ein hygienisch sauberer Mülleimer

Ein paar Minuten reichen aus, um meinen Mülleimer zu reinigen und zu desinfizieren.

- Ich beginne immer mit der Außenseite des Behälters und ende mit der Innenseite, wobei ich eine simple Reinigung mit *Savon de Marseille extra pur* und Wasser nutze. Ein Staubsauger kann zuvor nützlich sein, wenn kleine Abfallpartikel aus dem Beutel gefallen sind.
- Sobald alles sauber ist, trage ich abschließend ein Viruzid auf, das zertifiziert der DIN-Norm EN 14476 entspricht. Ich sprühe das Produkt auf und lasse den Eimer trocknen.

Abgesehen vom Mülleimer desinfiziere ich auch regelmäßig Lichtschalter, Elektroschalter, Türklinken, Schrankgriffe, Fernbedienungen, Tastaturen, Videospielsteuerungen etc. – besonders im Krankheitsfall. Hierzu wische ich die Oberflächen mit einem Lappen und ein paar Tropfen Haushaltsalkohol ab.

REZEPTUREN

NATÜRLICHE DIY-HAUSMITTEL

3 Reinigungsmittel selbst herstellen

Ob Herd, Backofen, Spüle und Dunstabzugshaube aus Edelstahl, Armaturen, Waschbecken, Duschkabine, Fensterscheiben, Badewanne, Gartenmöbel oder sogar Schwimmbadplanen: Meine selbst gemachten umweltverträglichen Reinigungsmittel helfen mir immer und überall!

1 PUTZSTEIN

Ein Zaubermittel für das ganze Haus

In einer kleinen Schüssel folgende Zutaten mit einem Löffel vermischen:

- 200 g Schlämmkreide
- 70 g *Savon noir liquide* (flüssige schwarze Seife)
- 80 g Natriumbicarbonat (Natron)

Die Mischung sollte homogen und cremig, aber nicht zu flüssig sein.

Ich fülle die Mischung in ein Glasgefäß mit einer Öffnung um, die groß genug ist, um einen Schwamm hindurchzustecken. Dann lasse ich die Mischung bei offenem Deckel etwa 1 Woche lang stehen, damit sie trocknet und aushärtet.

Die Anwendung ist kinderleicht: Ich reibe mit meinem angefeuchteten Spezialschwamm für *Putzstein* über die Mischung und bearbeite die zu behandelnden Oberflächen damit. Anschließend wische ich mit dem ausgewaschenen Schwamm nach und trockne die gesäuberten Flächen zuletzt mit einem weichen Mikrofasertuch ab. Bevor ich das Glas wieder verschließe, warte ich, bis die Mischung wieder trocken und gut ausgehärtet ist.

2 KALKREINIGER

Nützlich für das Badezimmer, aber auch für die Küche ... Kurz gesagt, überall dort, wo sich Kalk festsetzen kann!

Für eine Sprühflaschenfüllung nehme ich:

- 500 ml Wasser (entmineralisiertes Wasser ist besser als Leitungswasser – das Wasser aus dem Auffangbehälter des Wäschetrockners ist perfekt)
- 4 gehäufte EL Zitronensäurepulver

Das Wasser mithilfe eines Trichters in eine Sprühflasche füllen und die Zitronensäure hinzufügen.

Vor jedem Gebrauch die Flasche kräftig schütteln, damit sich alles gut durchmischt.

3 UNIVERSALREINIGER

Für alle Unwägbarkeiten des Alltags

Für eine Sprühflaschenfüllung nehme ich:

- 500 ml lauwarmes Wasser
- 2 EL *Savon noir liquide* (flüssige schwarze Seife)

Das Wasser und die Seife mithilfe eines Trichters in die Sprühflasche füllen und diese schütteln, damit sich die Seife perfekt auflöst.

Vor jedem Gebrauch die Flasche kräftig schütteln, damit sich alles gut durchmischt.

CHALLENGE 3 OBERFLÄCHEN

15 MINUTEN

Klar Schiff im Badezimmer machen

Ich brause meine Duschkabine nach dem täglichen Duschen immer kurz mit kaltem Wasser ab und beseitige die Wassertropfen mit dem Duschabzieher. Einmal pro Woche reinige ich sie aber gründlich, und dann sieht sie aus wie neu!

1 DUSCHWAND

Putzstein *(Rezeptur auf Seite 70) ist ideal für das Reinigen dieser Wand, an der sich leicht unschöne Wasserflecken bilden, wenn man sie vernachlässigt.*

1. Ich nehme mein Glas mit dem selbst gemachten *Putzstein* zur Hand und befeuchte den gelben Spezialschwamm mit Wasser. Ich streiche mit dem Schwamm über die Mischung und drücke ihn, sodass sich ein schöner feiner Schaum bildet.

2. Dann schrubbe ich die Duschwand in gleichmäßigen Kreisbewegungen sorgfältig mit dem Schwamm ab.

3. Ich brause den Schaum gründlich mit kaltem Wasser ab (oft, indem ich weiter mit dem Schwamm über die Duschwand wische) und streife die Wassertropfen dann mit dem Duschabzieher ab.

4. Ich trockne die Duschwand mit einem Mikrofasertuch ab.

Der Vorteil des *Putzsteins* ist, dass er fast universal einsetzbar ist! Sobald die Duschwand blitzeblank ist, mache ich mit Badewanne und Waschbecken weiter!

1

2

3

4

Klar Schiff im Badezimmer machen

2 ARMATUREN

Kalk setzt sich sehr schnell auf den Armaturen ab, da diese direkt Spritzwasser ausgesetzt sind.

Einmal pro Woche nehme ich daher meinen selbst gemachten *Kalkreiniger* (Rezeptur auf Seite 71), befeuchte ein Mikrofasertuch damit und schrubbe die Mischbatterie und die Armaturen damit ab. Ich wische mit einem trockenen Mikrofasertuch nach, um den Glanz wiederherzustellen, den ich so liebe!

3 BADE- UND DUSCHWANNE

Sobald sie sauber sind, wirken Badewanne und Dusche viel einladender! Damit es mir auch weiterhin Spaß macht, sie zu benutzen, reinige ich sie einmal pro Woche gründlich. Es gibt mehrere Reinigungsmittel, die man einsetzen kann, aber in den meisten Fällen entscheide ich mich für den selbst gemachten *Putzstein* (Rezeptur auf Seite 70). Er ist einfach in der Handhabung, umweltverträglich und erfüllt genau das, was ich von ihm erwarte: eine gründliche Reinigung und einen leichten Poliereffekt, der das Ergebnis perfekt macht.

4 SPIEGEL

Unsere Spiegel im Badezimmer müssen einiges aushalten: Sie beschlagen jedes Mal, wenn wir duschen, und sie bekommen beim Zähneputzen den einen oder anderen Spritzer ab. Daher lasse ich ihnen jede Woche eine kurze, schnelle Reinigung zukommen.

Ich reibe mit einem angefeuchteten Wischtuch (optional ein Reinigungstuch mit Wabennetz) über meinen Block *Savon de Marseille extra pur* (helle Kernseife) und reinige das Spiegelglas damit. Dann wische ich mit dem unter warmem Wasser ausgewaschenen und ausgewrungenen Tuch nach. Zuletzt trockne ich das Spiegelglas mit einem weichen Mikrofasertuch in kleinen, gleichmäßigen Kreisen. Das ist schnell, einfach und effektiv.

CHALLENGE 3 **OBERFLÄCHEN**

15 MINUTEN

WC-Hygiene

Ich muss zugeben, dass ich die Toiletten bei mir zu Hause immer sehr sauber halte und mir wirklich Zeit nehme, um sie gut zu pflegen, zu reinigen und zu desinfizieren.

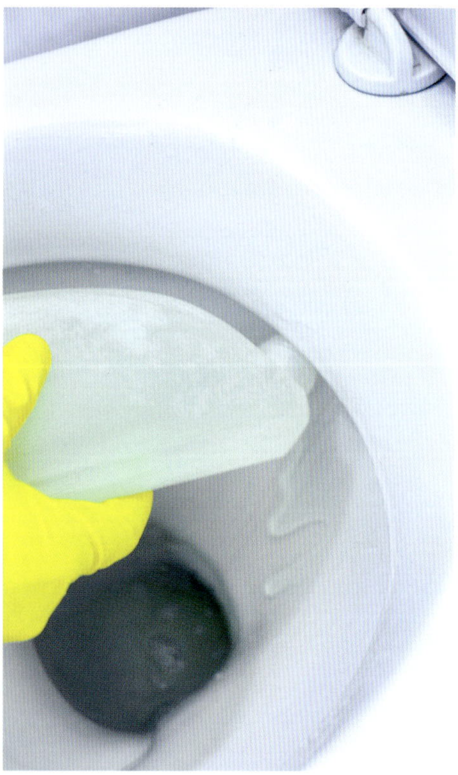

1 ANTI-URINSTEIN-GEL HERSTELLEN

Für eine Entenhalsflasche verwende ich:

- 750 ml kaltes Wasser
- 80 g Zitronensäurepulver
- 7 g Guarkernmehl
- ein paar Tropfen ätherisches Öl (optional)

Die Ingredienzien in einer Schüssel vermengen, sodass ein Gel entsteht. Falls sich Klümpchen bilden, die Mischung mit dem Stabmixer pürieren, bis sie vollkommen glatt ist.

Optional etwas ätherisches Öl untermengen. Ich persönlich verwende Teebaumöl, wegen seiner antibakteriellen Eigenschaften. Ich gebe das Öl direkt nach dem Guarkernmehl hinzu, bevor die Mischung beginnt, dicker zu werden.

Das Gel mithilfe eines Trichters in eine leere Entenhalsflasche umfüllen und bei Bedarf verwenden.

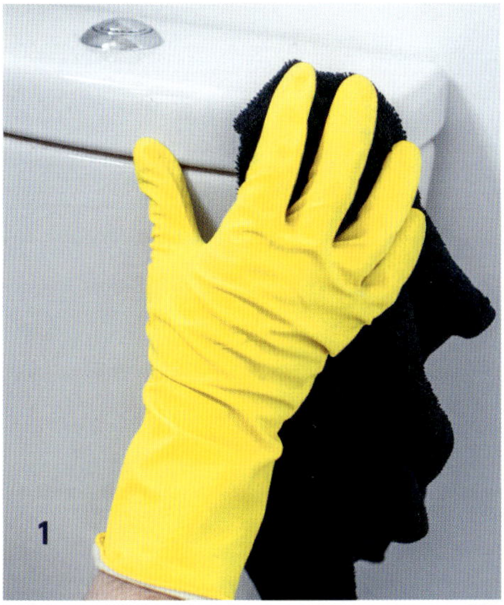

1

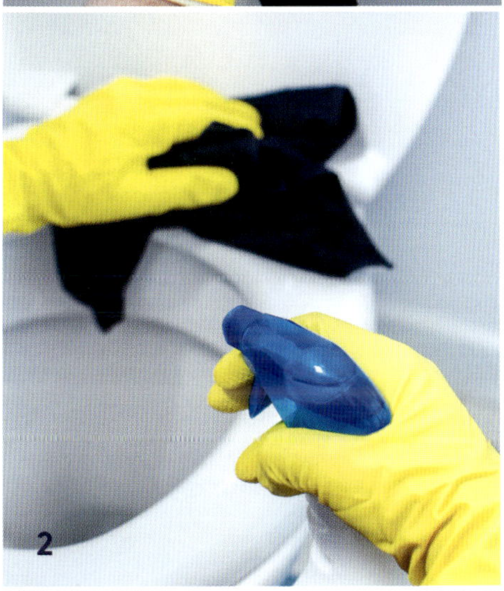

2

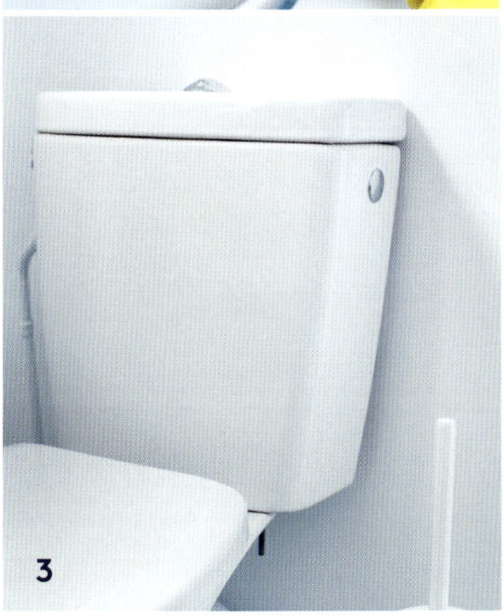

3

2 SCHRITT FÜR SCHRITT

1. Nachdem ich das selbst gemachte *Anti-Urinstein-Gel* in der Toilettenschüssel verteilt habe, besprühe ich einen Putzlappen mit *Universalreiniger* (Rezeptur auf Seite 71) und reinige den Spülkasten und den Schalter, dann den Sitz und schließlich den unteren Teil der Toilette.

2. Nachdem die gesamte Struktur gesäubert ist, desinfiziere ich sie mit einem geeigneten Viruzid, das der DIN-Norm EN 14476 entspricht.

3. Endlich eine blitzeblank saubere Toilette, die nach allen Regeln der Kunst desinfiziert wurde! Das ist mir wichtig!

Tipps

Für eine stark verschmutzte Toilettenschüssel verwende ich den selbst gemachten *Kalkreiniger* (siehe Seite 71), den ich großzügig aufsprühe und einwirken lasse, dann bearbeite ich die Verschmutzung mit der Toilettenbürste.

Um den Boden einer verfärbten Toilettenschüssel zu reinigen, gieße ich eine Mischung aus 1 l kochendem Wasser und 3 EL Natriumpercarbonat hinein. Ich lasse alles über Nacht einwirken und schrubbe dann die Verfärbungen weg, bevor ich die Toilettenspülung betätige.

CHALLENGE 4 BÖDEN

15 MINUTEN für 50 m²

Staubsaugen

Letzter Schritt vor dem feucht Durchwischen: Durch Absaugen entferne ich Alltagsschmutz, Haare und Co sowie den Staub, den ich beim Staubwischen zuvor aufgewirbelt habe und der zu Boden gesunken ist.

1 VON HINTERSTEN RAUM INS HERZ DER WOHNUNG

Mein Ansatz ist es, nicht auf eine Fläche zu treten, die ich bereits gesaugt habe. Daher beginne ich im »hintersten« Raum der Wohnung (dem Zimmer, von dem aus man nicht mehr weiterkommt). In diesem Raum beginne ich mit den hinteren Ecken und Seiten und arbeite mich nach und nach bis zur Tür und dann in die restlichen Zimmer vor.

Ich sauge auch das Sofa und rücke kleine Möbelstücke (Sessel, Stühle, Papierkörbe, Beistelltische ...) beiseite, um möglichst viel Staub und Schmutz zu entfernen.

2 NACH DEM SAUGEN

Den Beutel überprüfen

Ich wechsele den Beutel aus, sobald er zu voll ist. Bei beutellosen Staubsaugern entleere ich den Auffangbehälter in einen Müllbeutel und reinige den Behälter kurz mit einem feuchten Mikrofasertuch.

Den Filter überprüfen

Falls der Filter stark mit Staub verschmutzt ist, klopfe ich ihn draußen oder in einem gut verschlossenen Müllbeutel aus. Bei dieser Gelegenheit reinige ich mit einem feuchten Mikrofasertuch auch das Innere des Staubsaugers, um Staubansammlungen zu entfernen. Falls nötig, tausche ich den alten Filter gegen einen neuen aus.

Tipp

Die richtige Einstellung des Saugaufsatzes nutzen

Auf glatten Böden (Parkett, Beton, Naturstein etc.) verwende ich den Universal-Aufsatz und stelle den Kippschalter auf Hartboden-Stellung, sodass die heruntergelassenen Borsten eine Beschädigung des Bodens (Kratzer) vermeiden. Außerdem wird die Fläche durch das Bürsten zusätzlich gereinigt. Bei Teppichen und Teppichböden ist es ratsam, die Borsten hochzuklappen, um das Staubsaugen zu erleichtern. Manchmal nutze ich aber auch auf Teppich die Borsten, um die Teppichfasern, die besonders viel Alltagsstaub speichern, gründlicher zu saugen. Diese Methode ist sehr nützlich, wenn man Haustiere hat!

CHALLENGE 4 BÖDEN

10 MINUTEN für 50 m²

Den Wischmopp schwingen

Wir laufen jeden Tag darauf und egal, ob wir unsere Straßenschuhe vor der Wohnungstüre ausziehen oder nicht – die Böden sollten jede Woche gewischt werden. Ich mag es, wenn alles schön sauber ist!

1 NICHT ZU NASS WISCHEN

Das ist eine Regel, die ich mir selbst auferlege, denn sie verhindert, dass beispielsweise sensibles Parkett Schaden nimmt. Und vor allem trocknet der Boden viel schneller, wenn der Wischmopp gut ausgewrungen und nur leicht feucht verwendet wird!

FETTFLECKEN AUF PORÖSEN BÖDEN ENTFERNEN

Pfeifenerde ist dafür ideal. Ich bedecke den Fleck mit einer dicken Schicht dieses Pulvers und lasse es so lange wie möglich einwirken. Manchmal massiere ich die zu behandelnde Fläche mit den Fingerspitzen. Zum Schluss bürste ich das Pulver ab und sauge es weg. Wenn noch ein Fettschimmer zu sehen ist, wiederhole ich den Vorgang. Das Pulver funktioniert auch sehr gut auf Holz und Textilien (Sofas, Sessel, Kleidung ...).

2 EINFACHHEIT IST TRUMPF

Um die Anzahl der Reinigungsmittel einzuschränken und natürliche Produkte zu verwenden, nutze ich zum Bodenwischen *Savon noir liquide* (flüssige schwarze Seife). Sie ist umweltfreundlich und eignet sich perfekt für alle Böden (Parkett, Fliesen, Dielen ...).

Auf glatten Fliesen wie in der Küche oder im Badezimmer können allerdings je nach Qualität und Zusammensetzung der Seife einige Mopp-Spuren zurückbleiben, und das kommt für mich nicht infrage, daher schließe ich die Wischaktion bei Bedarf mit etwas Haushaltsalkohol ab.

Wenn der Boden (mit Ausnahme von Holz) etwas fettig geworden ist, hilft folgende Mischung:

- Ich löse in einem 3-l-Eimer voll warmem Wasser 5 EL Sodakristalle und 5 EL geriebene (oder in Späne gehobelte) *Savon de Marseille extra pur* (helle Kernseife) auf. Diese Reinigungslösung entfernt Fett sehr wirksam, es muss aber mit klarem Essigwasser nachgewischt werden, um die Wirkung der Sodakristalle zu neutralisieren!

Voilà!

Die Wohnung ist komplett geputzt.

EINMAL PRO MONAT

Für ein Plus an Grundsauberkeit

Wenn die Dinge klar strukturiert sind, läuft bei mir alles flüssiger im Alltag. Sich aufmerksam um Details zu kümmern, auch wenn sie manchmal gar nicht unmittelbar im Blickfeld liegen, ist für mich ohne Frage ein Quell inneren Wohlbefindens.

CHALLENGE 1

15 MINUTEN

Die kleinen Alltagshelfer pflegen

Die Wasserhärte variiert je nachdem, wo wir leben, das ist klar. Aber verkalkte Wasserkocher, Kaffeemaschinen oder Bügeleisen können keine erstklassigen Ergebnisse liefern, egal, ob wir in Paris, München oder der Karibik wohnen. Außerdem verkürzt ein übermäßiges Verkalken die Lebensdauer unserer Geräte.

1 DAS ZAUBERMITTEL

Für ein zuverlässiges Entkalken und einen makellosen Look unserer Küchengeräte ist Zitronensäurepulver unser bester Verbündeter!

2 EINE KINDERLEICHTE ANWENDUNG

Kaffeemaschine

1. 2 EL Zitronensäurepulver in 1 l kaltem Wasser auflösen und die Mischung in den Wassertank der Maschine gießen.

2. Das Gerät einschalten und etwa die Hälfte der Mischung in einen Behälter abfließen lassen.

3. Das Gerät ausschalten und den Rest der Mischung 30 Minuten einwirken lassen.

4. Die Maschine erneut einschalten, um den Rest der Mischung durchlaufen zu lassen.

5. Zweimal 1 l klares Wasser durch die Maschine laufen lassen.

Bügeleisen

Bei einer Bügelsohle mit stark verkalkten Dampföffnungen stelle ich das Bügeleisen (natürlich mit gezogenem Stecker!) mit der Sohle nach unten in einen wasserdichten Behälter. Ich gieße so viel Wasser in den Behälter, dass die Bügelsohle gerade eben komplett im Wasser steht und löse 2 EL Zitronensäurepulver im Wasser auf. Dann lasse ich alles 1 Stunde einwirken.

Tipp

Flecken auf der Bügelsohle?

Ich ziehe den Stecker des Bügeleisens und lasse es ein paar Minuten abkühlen. Sobald die Sohle lauwarm ist, reibe ich sie mit einem Stück *Savon de Marseille extra pur* ein. Anschließend wische ich mit einem fusselfreien, nur leicht angefeuchteten Baumwolltuch darüber. Bevor ich mit dem Bügeln fortfahre, aktiviere ich die Dampffunktion des Bügeleisens bei heißer Temperatureinstellung und bügele ein altes Baumwolltuch, um alle Rückstände zu entfernen.

Wasserkocher/Teekessel

1. 2 EL Zitronensäure in 1 l kaltem Wasser im Wasserkocher auflösen und die Mischung zum Kochen bringen.

2. 15 Minuten einwirken lassen.

3. Den Wasserkocher auswaschen, erneut 1 l klares Wasser darin zum Kochen bringen und dieses dann weggießen.

MEIN KLEINES PLUS
Ich benutze Essig seltener, weil mir sein Geruch zu unangenehm ist, aber es funktioniert auch damit. Ich befülle den Wasserkocher zu gleichen Teilen mit Wasser und Essig, sodass die verkalkten Stellen bedeckt sind. Dann bringe ich die Mischung zum Kochen, lasse sie einwirken und spüle den Kocher sorgfältig aus!

CHALLENGE 2

15

für 1 Gerät

Backofen, Mikrowelle und Co reinigen

Oft wird die Ofenreinigung zu einer gefürchteten Herausforderung. Aber wenn man sich einmal pro Monat ans Ofenrohr wagt, ist alles viel einfacher! Der Schmutz hat dann keine Chance, sich hartnäckig festzusetzen, und die Putzaktion macht sogar Spaß. Finde ich zumindest!

1 BACKOFEN

1. Meiner Meinung nach ist es unmöglich, einen stark verschmutzten Backofen ohne Spezialbehandlung zu reinigen. Die verschiedenen verkohlten Spritzer würden sich hartnäckig halten. Ich trage also auf die Wände, den Boden und den Rost des lauwarm erhitzten Ofens mit einem Schwamm *Savon noir en pâte à l'huile de lin* (schwarze Seife in Pastenform auf Leinölbasis) auf. Ich schließe die Ofentür und lasse die Paste über Nacht einwirken.

2. Am nächsten Tag schabe ich mit einem alten Glaskeramikfeld-Schaber oder Auto-Eiskratzer (ja, ich zweckentfremde meine Arbeitsmittel!) die Paste ab, die die hartnäckigsten Verkrustungen gelöst hat, und entferne sie. Ich wiederhole den Vorgang, wenn sich bei diesem ersten Versuch nicht alles gelöst hat.

3. Zum Schluss wische ich Seifenreste und Schmutz mit einem in lauwarmes Wasser getunkten Wischtuch einfach ab.

4. Für das Ofenfenster benutze ich, nachdem ich die Verkrustungen mit lauwarmem Wasser und *Savon de Marseille extra pur* (helle Kernseife) angeweicht habe, denselben Schaber wie für das Kochfeld, wobei ich vorsichtig auch hier das Gröbste lösen kann. Zum Abwischen verwende ich ein angefeuchtetes Reinigungstuch mit Wabennetz und etwas *Savon de Marseille* – ganz einfach. Bei dieser Gelegenheit reinige ich auch die Fugen und die Front des Ofens.

GUT ZU WISSEN
Die von mir bevorzugte *Savon noir en pâte* entsteht durch die Verseifung von Leinöl mit Pottasche. Sie ist außerordentlich wirksam, da sie eine hohe Seifenkonzentration aufweist und daher in pastöser Form vorliegt. Das Leinöl verleiht ihr eine besonders starke reinigende Wirkung, da seine Fettsäurenstruktur eine bessere Reinigungskraft besitzt als Olivenöl.

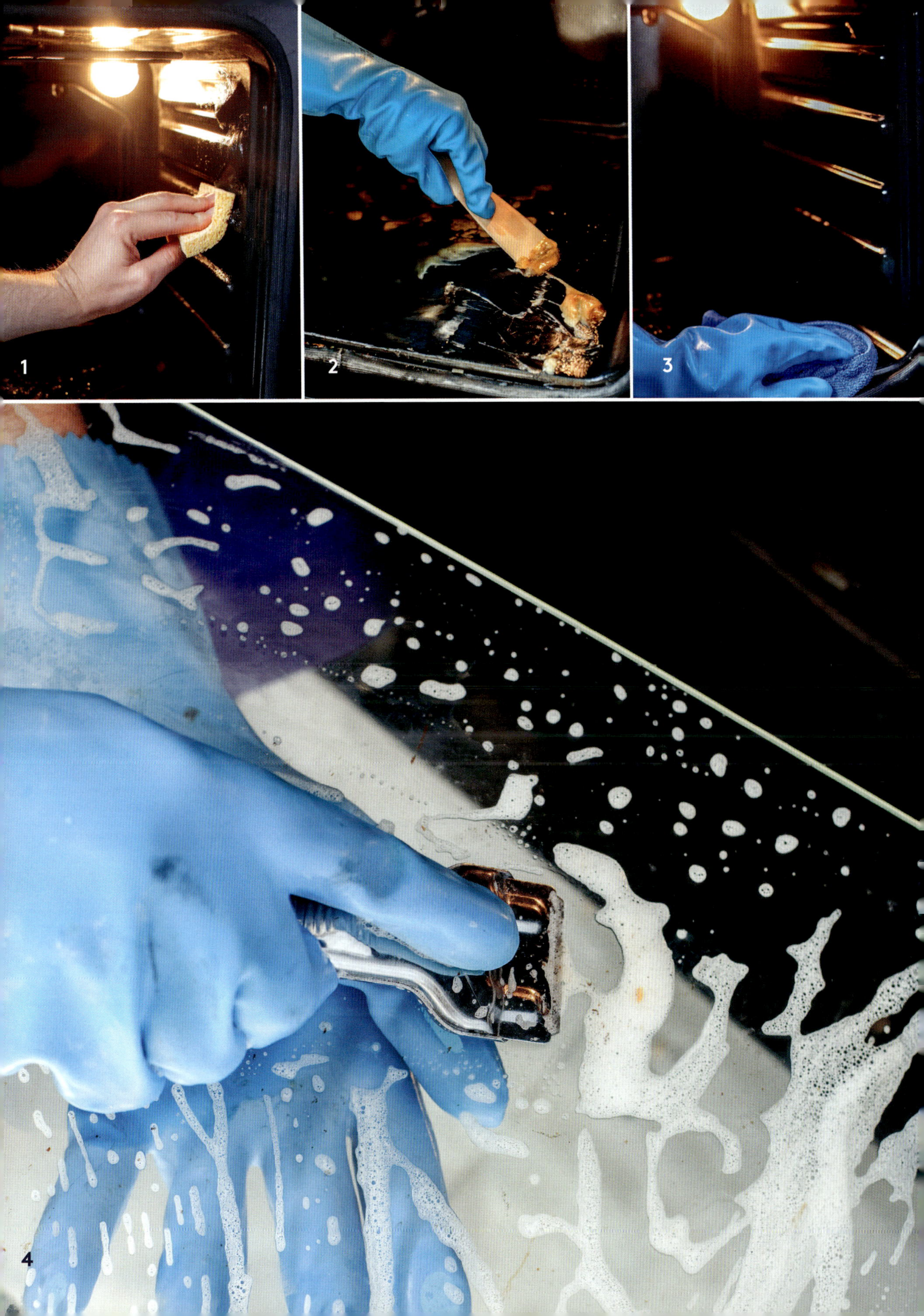

CHALLENGE 2

Backofen, Mikrowelle und Co reinigen

2 ABZUGSHAUBENGITTER

1. Das Gitter aus seiner Fassung lösen und auf eine ebene Arbeitsfläche legen. Mit einer ausrangierten Nagelbürste abschrubben, die mit *Savon de Marseille extra pur* (helle Kernseife) und warmem Wasser getränkt ist.

2. Nicht zu fest aufdrücken, um das Gitter nicht zu verbiegen, aber konsequent und gleichmäßig kleine, kreisende Putzbewegungen ausführen.

3. Das Gitter unter fließendem Wasser abspülen und bei Bedarf noch einmal alles dabei mit der Bürste bearbeiten.

4. Das Gitter mit einem weichen Mikrofasertuch trocknen, dann wieder an seinem Platz befestigen.

3 MIKROWELLENHERD

1. Ich fülle eine mikrowellenfeste Schüssel zu drei Vierteln mit Wasser und stelle sie in das Gerät, das ich dann für 3 Minuten laufen lasse.

2. Dann lasse ich den entstandenen Wasserdampf 5 Minuten einwirken und wische den gelösten Schmutz mit einem Putzlappen weg.

3. Wenn nötig, arbeite ich mit etwas *Savon de Marseille extra pur* (helle Kernseife) und lauwarmem Wasser weiter, um auch den Drehteller, die Dichtungen, die Tür und die Fronten des Gerätes zu reinigen.

TIPP
Es gibt Mikrowellen-Abdeckhauben, die speziell dafür entwickelt wurden, Spritzer beim Erhitzen der Speisen zu begrenzen. Es lohnt sich, in eine solche »Tellerglocke« zu investieren.

CHALLENGE 3

15
MINUTEN

Den Kühlschrank auf Vordermann bringen

Ich erledige den »Kühlschrank-Großputz« nicht direkt nach dem Einkaufen, wenn ich viele Lebensmittel in dem Gerät zu verstauen habe, sondern dann, wenn ich mich sagen höre: »Oh, nichts mehr zu essen im Kühlschrank, dann muss ich wohl ins Restaurant!«

EINE EFFEKTIVE METHODE

1. Ich ziehe den Stecker aus dem Gerät. Um die Kühlkette so weit wie möglich aufrechtzuerhalten, verstaue ich alle Produkte aus dem Kühlschrank in einer Kühltasche (ich kann nach und nach Kühlpacks aus dem Gefriergerät hinzufügen, um die provisorische Kühlaktion zu verlängern).

Anschließend entferne ich die einzelnen Behälter und Regalböden aus dem Gerät. Die Regalböden lasse ich auf Raumtemperatur kommen, bevor ich sie reinige, damit sie keinen »Temperaturschock« erleiden und nicht zerbrechen (ja, das habe ich selbst schon erlebt).

2. Dann putze ich das Gerät sowie das Zubehör (Behälter, Regale usw.). Auch hier ist *Savon de Marseille extra pur* (helle Kernseife) ideal für eine gründliche Reinigung. Mit einem Reinigungstuch mit Wabennetz in der Hand komme ich in die kleinsten Ecken, um den Schmutz zu lösen. Ich vergesse auch nicht die Türdichtung, in der sich viel Schmutz ansammeln kann.

3. Ich wische mit einem lauwarmen, gut ausgewrungenen weichen Wischtuch nach.

4. Anschließend trockne ich die Wände des Gerätes und das Zubehör mit einem Mikrofasertuch gründlich ab.

5. Zuletzt besprühe ich die Oberflächen mit einem lebensmittelechten Desinfektionsmittel.

6. Um den täglichen Umgang mit den Lebensmitteln zu erleichtern, habe ich mich mit durchsichtigen Frischhaltedosen und Behältern eingedeckt, die mich voll und ganz zufriedenstellen! So habe ich einen sehr genauen Überblick über meine Vorräte, ich vermeide schlechte Gerüche (ich verwende beispielsweise einen Behälter für Käse und einen anderen für den Rest eines gekochten Gerichts) und habe leichteren Zugang zu den Oberflächen für die »Zwischenreinigung«, die ich jede Woche mit Wasser und *Savon de Marseille extra pur* oder weißem Essig durchführe.

Bevor ich den erneut gefüllten Kühlschrank wieder schließe, stelle ich eine Schale mit getrocknetem Kaffeesatz oder Natriumbicarbonat (Natron) hinein. Beides wunderbare Mittel gegen unangenehme Gerüche.

1

2

3

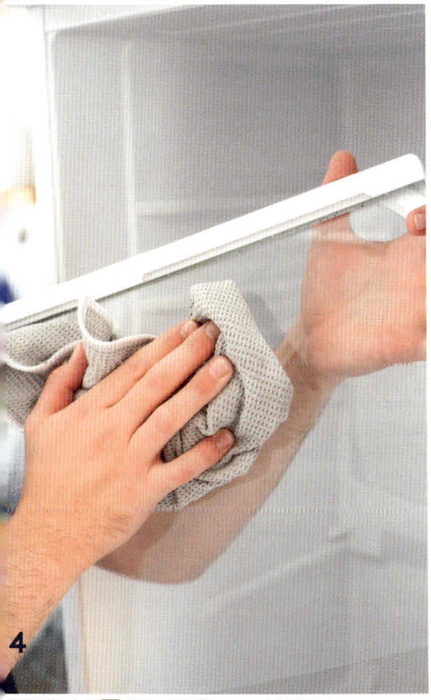
4

5

6

CHALLENGE 4

15

MINUTEN

Die Fugen pflegen

Wenn man die Fliesenfugen im Badezimmer zu lange vernachlässigt, wird es schwierig, sie wieder richtig sauber zu bekommen – im schlimmsten Fall muss neu gefliest werden. Es gibt jedoch Möglichkeiten, sie gut zu pflegen, damit es gar nicht erst so weit kommt!

1 REINIGEN

Ich verwende hierfür abwechselnd zwei Reinigungsmittel. Ich beginne mit dem selbst gemachten *Putzstein* (Rezeptur Seite 70) und dem dazugehörigen Schwamm. Wenn ich keine Zeit hatte, einen neuen *Putzstein* anzusetzen, verwende ich *Savon noir en pâte* (schwarze Seife in Pastenform), die konzentriert ist und mit der ich durch einfaches Schrubben mit einer geeigneten Bürste ein hervorragendes Ergebnis erzielen kann. Dies ist eine gute Gelegenheit, auch die Fliesen gründlich zu reinigen!

2 BLEICHEN

Ich löse 1 gestrichenen EL Natriumpercarbonat in 1 l köchelndem Wasser auf und füge 4 EL Schlämmkreide hinzu. Diese Mischung trage ich mit einem Pinsel auf die Fugen auf. Ich lasse die Mischung 1 Stunde einwirken, bürste sie ab und spüle mit klarem Wasser nach.

3 VORBEUGEN

Falls sich an den Fugen unschöne Spuren bilden, wische ich mit einem mit weißem Essig getränkten Schwamm darüber, damit der Schimmel keine Chance hat, sich festzusetzen. Dann spüle ich mit klarem Wasser nach.

Nach jedem Duschen ziehe ich alle Fliesen mit dem Duschabzieher ab, um die Fugen vor Nässe und Kalk zu schützen (siehe Kapitel 1), und trockne sie idealerweise zum Schluss mit einem Mikrofasertuch. Ziel ist es, stehende Wasserrückstände möglichst gering zu halten. Ein Wischtuch und ein paar Tropfen Haushaltsalkohol sorgen für einen tollen Glanz.

MEIN KLEINES PLUS

Auf jeden Fall lüfte ich das Badezimmer so gut wie möglich (über Fenster oder die Lüftungsanlage). Ich lasse auch die Tür der Duschkabine einen Spalt breit offen, da dies die vollständige Trocknung beschleunigt.

CHALLENGE 5

15 MINUTEN

Sammelbehälter und Utensilien reinigen

Damit ich meine Utensilien in voller Pracht und lange nutzen kann, nehme ich mir regelmäßig ein paar Minuten Zeit, um sie zu pflegen.

1 DIE SAMMELBEHÄLTER LEEREN UND REINIGEN

In der Küche oder im Badezimmer gilt das gleiche Prinzip: Ich leere und reinige die Sammelbehälter (innen und außen) mit Seifenwasser (aus *Savon de Marseille extra pur* oder *olive*), wische mit klarem Wasser nach und trockne sie dann gründlich ab.

2 DIE EINZELNEN GEFÄSSE UND UTENSILIEN REINIGEN

Nachdem ich die Behälter geleert und gereinigt habe, nutze ich die Gelegenheit, um auch die Gegenstände zu reinigen, die ich täglich benutze.

In der Küche:

Gewürzgläser, Einmachgläser, Flaschen ...

Im Badezimmer:

Flakons, Tuben, Accessoires ...

Tipp

Kamm und Haarbürste

Wasser und *Savon de Marseille extra pur* oder *olive* erfüllen den Zweck perfekt. Ich benutze meinen Kamm täglich und reinige ihn jede Woche, indem ich ihn für 15 Minuten in eine Mischung aus sehr warmem Wasser und ein paar Seifenflocken lege. Anschließend schrubbe ich die Verschmutzungen mit einer ausrangierten Nagelbürste weg, spüle den Kamm ab und trockne ihn.

Meine Haarbürste verwende ich seltener, daher genügt mir eine Reinigung pro Monat. Ich kämme die Bürste, um Haare zu entfernen, die sich darin verfangen haben. Dann weiche ich die Bürste 15 Minuten in warmem Seifenwasser ein (Achtung: Wenn der Griff aus Holz ist, achte ich darauf, dass er nicht mit eingeweicht wird, da das Holz ansonsten beschädigt wird). Mit einer speziell dafür vorgesehenen Zahnbürste schrubbe ich zwischen den Noppen, um den Schmutz zu entfernen. Ich spüle und trockne die Bürste ab, bevor ich sie wieder in den gereinigten Behälter lege.

CHALLENGE 6

15
MINUTEN

Teppichpflege

Ein sauberer und flauschiger Teppich oder Läufer ist eine feine Sache. Man kann zwar nicht jeden Teppich in der Waschmaschine waschen, aber es gibt andere Mittel, um ihn zu pflegen!

1 SCHLECHTE GERÜCHE ELIMINIEREN

Natriumbicarbonat (Natron) muss sich im Bereich der natürlichen Textilerfrischer nicht mehr beweisen. Ich sauge den zu behandelnden Teppich ab, streue das Pulver darüber, arbeite es sanft mit einer weichen Bürste ein und lasse es über Nacht einwirken (ich verwende Natriumbicarbonat allerdings nicht auf Wolle oder Seide).

Am nächsten Tag sauge ich das Pulver einfach mit dem Staubsauger weg.

Und was das Beseitigen unangenehmer Gerüche angeht, hilft auch hier der Tipp mit dem Wodka, der im Showbiz für Kostüme verwendet wird (Seite 28). Das funktioniert auch sehr gut auf Läufern und Teppichböden. Sobald der aufgesprühte Wodka verfliegt, neutralisiert er schlechte Gerüche.

MEIN KLEINES PLUS
Manchmal räume ich im Sommer einige Teppiche weg. Bevor ich sie zusammenrolle und verstaue, drehe ich sie für 1 Woche bis 10 Tage um und laufe weiter darauf. Der Staub hat dann Zeit, sich zu lösen und auf den Boden zu fallen.

2 FLECKEN ENTFERNEN

Ich vermeide es, Teppiche mit viel Wasser zu reinigen, wenn ich keinen (sonnigen) Außenbereich habe, in dem ich den Teppich schnell und vollständig trocknen kann. Ein zu langsames Trocknen würde die Wahrscheinlichkeit erhöhen, dass sich Schimmelflecken bilden.

Bei Fettflecken nutze ich zwei Methoden:

- *Savon noir en pâte* (schwarze Seife in Pastenform), die ich mit einer kleinen, mit lauwarmem Wasser befeuchteten Bürste sanft auf der befleckten Stelle »emulgiere«. Anschließend lasse ich alles trocknen und sauge die Rückstände ab.
- Pfeifenerde/weiße Tonerde erledigt dank ihres hohen Absorptionsvermögens die Arbeit (fast) von alleine, und das liebe ich! Ich streue das Pulver großzügig auf den zu behandelnden Fleck (funktioniert auf allen Arten von Textilien), bürste es oder massiere es sanft ein und lasse es über Nacht einwirken. Am nächsten Tag sauge ich das Pulver einfach ab. Bei hartnäckigen Flecken wiederhole ich den Vorgang.

Tipp

Kohlensäure!

Sprudelwasser kann viele Situationen retten. Wenn ein Unfall passiert ist, gieße ich es auf die verschmutzte Stelle und schrubbe mit einer kleinen Bürste. Ich nehme so viel der Feuchtigkeit wie möglich mit einem Schwamm oder Tuch auf und bedecke die Stelle dann mit Pfeifenerde, die ich dann über Nacht einwirken lasse und wegsauge.

CHALLENGE 7

5 MINUTEN

Unschöne Spuren und Kratzer entfernen

Stumpfe Gläser, Karaffen oder Vasen? Kleine Kratzer auf einem Spiegel oder Glastisch? Wasserränder auf Holz? Das sind alles kleine »Mängel«, die mich ärgern und die ich nicht einfach so hinnehmen möchte!

1 STUMPFES GLAS WIEDER ZUM GLÄNZEN BRINGEN

Mit der Zeit kann Glas matt werden, da sich auf ihm ein Kalkschleier bildet, aber es gibt Abhilfe:

Für Gläser sowie das Innere von Vasen, Flaschen oder Karaffen: Ein Bad aus warmem Wasser und 3–5 EL Zitronensäurepulver. So lange wie möglich.

Wenn sich der Schmutz dennoch hartnäckig hält, gebe ich 1 Handvoll Sand in die Mischung und drehe den Gegenstand zwischen den Händen, um den Kalkschleier sanft abzuschmirgeln (funktioniert auch mit Reiskörnern oder grobem Salz).

2 KLEINE KRATZER AUF GLAS AUSPOLIEREN

Zahnpasta kann hier ein wirklich überraschendes Zaubermittel sein! Um einen feinen Kratzer (auf einem Spiegel, Glastisch …) auszupolieren, gebe ich Zahnpasta auf ein fusselfreies Tuch und reibe in kleinen, gleichmäßigen Kreisen über die betreffende Stelle. Dann wische ich mit klarem Wasser nach und trockne die Oberfläche ab.

3 FLECKEN UND WASSERRÄNDER AUF HOLZ ENTFERNEN

1. Ich nehme ein Stück echten Kork (es ist wichtig, echten Kork zu verwenden, aber viele Weinkorken werden mittlerweile aus Kunststoff hergestellt, was nicht funktionieren würde). Ich schneide eines der beiden Enden des Korkens ab.

2. Mithilfe der rauen Korkenfläche »radiere« ich dann die Flecken oder Verfärbungen in Richtung der Holzmaserung aus. Der Effekt ist sofort sichtbar.

3. Zum Schluss poliere ich die Oberfläche mit einem weichen Tuch oder einem Stück Wollstoff aus dem Altkleidersack.

4 GRÖSSERE HOLZFLÄCHEN AUFHÜBSCHEN

Das mache ich natürlich nicht jeden Monat, aber eine hölzerne Arbeitsplatte braucht ab und zu eine Komplettüberholung, wenn einige Verschmutzungen mit kleinen Tricks nicht mehr zu entfernen sind. Dann schleife ich die gesamte Oberfläche ab und behandelc sie mit einem geeigneten Produkt, das mir gefällt (Öl, Lack, Wachs ...).

CHALLENGE 8

15 MINUTEN Fensterputzen

Dem Feedback zufolge, das ich bekomme, scheint dies eine der unbeliebtesten Hausarbeiten in meiner Community zu sein ... Dabei gehört gerade Fensterputzen zu meinen Favoriten!

EINE EFFEKTIVE METHODE

1. Der »Geheimtrick« ist simpel. Für streifenfrei geputzte Fenster benutze ich ganz einfach *Savon de Marseille extra pur* (*olive* funktioniert auch), die ich mit warmem Wasser und einem Reinigungstuch mit Wabennetz aufschäume (sie hat den Vorteil, dass sie den Schmutz perfekt löst).

2. In kleinen Kreisen, aber mit Leidenschaft, putze ich damit das Fensterglas. Ich zögere nicht, auf die Fensterrahmen »überzugreifen«, die ebenfalls gereinigt werden müssen.

3. Ich wische mit einem Mikrofasertuch nach, das ich unter heißem Wasser angefeuchtet und gut ausgewrungen habe.

4. Schließlich nehme ich ein Mikrofasertuch mit Waffelstruktur und trockne und poliere das Fenster mit kreisförmigen Bewegungen. Das Ergebnis ist spektakulär.

EINMAL PRO SAISON

Für einen einfacheren und flüssigeren Alltag

In diesem Kapitel geht es eher um theoretische Überlegungen als um körperliche Betätigung! Natürlich widmen wir uns auch hier ein bisschen dem Putzen, sonst macht es ja keinen Spaß. Wir kümmern uns aber vor allem um die Optimierung unserer Wohnräume.

CHALLENGE 1 MISSION S.O.G.

ALLE **6** MONATE

Den Großputz meistern

Sortieren, Organisieren und »Großreinemachen«. Dieser Aufgabe widme ich mich zweimal pro Jahr, und zwar jeweils Ende Frühling und Anfang Herbst, um meine Wohnung auf Sommer und Winter vorzubereiten. Öfter geht natürlich auch, wenn ich das Gefühl habe, dass es nötig ist.

S SORTIEREN

Ziel: Sich von unnützem Ballast befreien

Kinderzimmer, Ankleidezimmer, Küchenschränke, Flur ... das ganze Zuhause wird unter die Lupe genommen. Dabei bleibt einem gar nichts anderes übrig, als alles aus den Schränken zu holen, um sich ein genaues Bild der Lage zu machen. Aber man sollte dabei methodisch vorgehen, um nicht den Mut zu verlieren! Sobald ich alles aus den Schränken genommen habe, sortiere ich es nach Verwendung: Welche Gegenstände benutze ich wirklich und welche nicht? Welche lagern schon viel zu lange in den hintersten Schubladen, sodass ich sie eventuell recyceln, wegwerfen, verkaufen oder verschenken kann? Diese Entscheidungen können nur wir selbst treffen. Um mich zu motivieren, denke ich an das Endergebnis: an meinen Alltag, der ohne unnötigen Ballast viel einfacher und angenehmer sein wird.

O ORGANISIEREN

Ziel: Den richtigen Platz und die richtige Art der Aufbewahrung finden

Auch hier hilft mir das gedankliche Sortieren nach »Familien«. Es ermöglicht mir, meine Räume schneller, einfacher und logischer zu organisieren. Jeder Gegenstand wird einer Familie zugeordnet, sodass es nicht mehr sein kann, dass beispielsweise ein Kartenspiel in der Schlafzimmerkommode neben einem Pullover und einer Schachtel Hustenbonbons liegt. Aber was ist »der« richtige Platz? Derjenige, der für einen persönlich Sinn macht, der dem Lebensstil entspricht und den man im Alltag am praktischsten findet!

G GROSSPUTZ MACHEN

Ziel: Das alltägliche Putzen einfacher machen

Alltagsgegenstände werden bei mir regelmäßig gereinigt, die Flächen, auf denen sie stehen, jedoch seltener. Daher nutze ich zweimal pro Jahr die Großputzaktion, um mir Zugang zu diesen oft vergessenen Flächen zu verschaffen. Ich reinige sie eine nach der anderen gründlich, indem ich die Behälter einfach nach und nach umstelle. Staubwischen und das feuchte Wischen mit Wasser und *Savon noir liquide* (flüssige schwarze Seife) machen den Großputz perfekt.

Nur Mut!

Der Trick ist, einfach anzufangen.

Den Großputz meistern

1 ORDNUNG SCHAFFEN IM KLEIDERSCHRANK

Nach Jahreszeiten organisieren

Zweimal pro Jahr nutze ich die Gelegenheit, um meinen Kleiderschrank an die kommende Saison anzupassen.

Sobald die warmen Tage kommen, räume ich alles, was ich in den nächsten Monaten wahrscheinlich nicht benutzen werde (dicke Wollpullover, Mäntel usw.) ins »Off«, also auf höher gelegene Regalböden oder in den hinteren Bereich meines Kleiderschrankes. So habe ich alles, was mir für den täglichen Gebrauch nützlich sein kann, auf Augenhöhe im Blick. Der Schrank ist übersichtlicher und besser »lesbar«, einfach praktischer!

Nach »Familien« sortieren

Ich sortiere meine T-Shirts akkurat gefaltet in die Aufbewahrungsboxen und rolle meine Spannbettlaken kompakt auf, um sie alle zusammen in einem Korb zu verstauen. Meine Gürtel sammele ich ebenfalls in einem geeigneten Behälter.

Ich nutze Sammelbehälter, um die Aufbewahrung zu optimieren.

Schrankpflege

Die ersten beiden Schritte sind sehr hilfreich, um das Möbelstück ohne großen Aufwand reinigen zu können!

Wenn wir vor einem mit Klamotten überfüllten Schrank stehen, fehlt uns der Mut, alles herauszuholen, um an die Struktur des Möbelstückes selbst zu gelangen und es zu reinigen. Also tun wir es nicht, das ist völlig logisch.

ABER: Ein Schrank, egal welcher Art, sollte ab und zu ein bisschen gepflegt werden. Man sollte leicht Zugang zu den Regalböden und Schubladen haben.

Ungenutzte Stücke ausrangieren

Unsere Körper verändern sich, und ebenso unsere modischen Vorlieben. Ungenutzte Kleidung immer wieder entsprechend auszusortieren bedeutet, diese natürlichen Veränderungen zu akzeptieren, im Moment zu leben und gelassen in die Zukunft zu blicken.

Genau zu wissen, was wir zur Verfügung haben, hilft uns auch, nichts doppelt und dreifach einzukaufen, und das spart bares Geld.

Sammelbehälter nutzen

Praktische Körbe, Wannen, Kisten und Co gibt es in allen Größen und Farben. Uns steht eine große Auswahl zur Verfügung, sodass wir genau die Ordnungsbehälter finden können, die uns gefallen. Sie sparen uns im Alltag eine Menge Zeit.

Mottenschutz anbringen

Sobald mein Schrank aufgeräumt und gereinigt ist, bestücke ich ihn mit einem Mottenschutz (siehe Seite 136).

Feucht reinigen

Nach dem Staubwischen verwende ich den *Universalreiniger* (siehe Seite 71) oder etwas *Savon de Marseille olive* (grüne Olivenölkernseife) die ich auf einem mit lauwarmem Wasser befeuchteten und gut ausgewrungenen Wischtuch verreibe.

Den Großputz meistern

2 IN DER KÜCHE

Alle drei Monate leere ich meine Vorratsschränke, die Schränke, in denen ich meine Küchenausrüstung aufbewahre, und die Regale und Schubladen, in denen sich Geschirr und Besteck befinden, vollständig aus.

Sich einen Überblick verschaffen

Ich verschaffe mir einen Überblick über meine Vorräte und prüfe, was ich dem Verfallsdatum entsprechend bald aufbrauchen sollte. So komme ich auch auf Ideen für Mahlzeiten, die ich kochen könnte. Und es verhindert, dass ich dieselben Lebensmittel doppelt und dreifach einkaufe oder sogar wegwerfen muss.

Für Sauberkeit sorgen

Da unsere Schränke und Schubladen in der Küche täglich direkt mit Lebensmitteln in Kontakt kommen, verschmutzen sie stärker als die in anderen Bereichen der Wohnung. Sie verdienen es daher, regelmäßig gereinigt zu werden.

Denn vergessen wir nicht: Eine gute Reinigung verhindert die Ansiedelung von kleinen Tieren, die zu einem echten Problem werden können! Mein selbst gemachter *Universalreiniger* (siehe Seite 71) ist auch hier wieder sehr hilfreich.

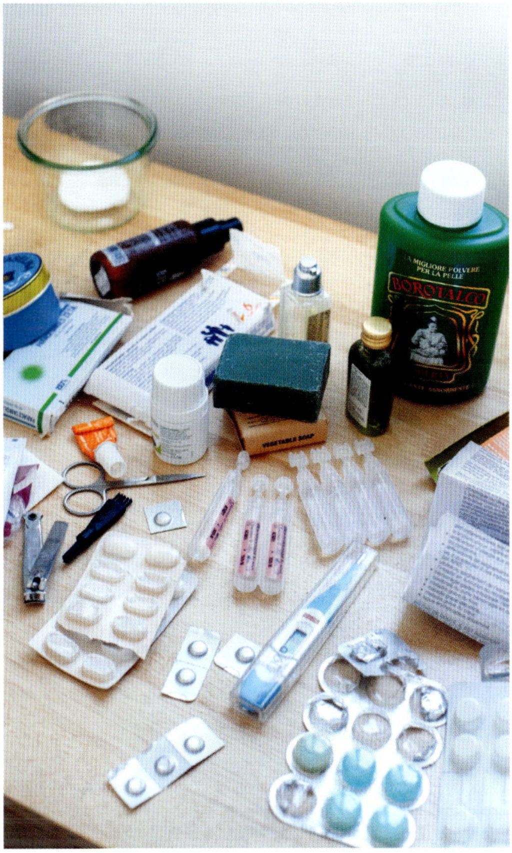

3 IM BADEZIMMER

Abgelaufene Produkte aussortieren

Zweimal pro Jahr sortiere ich abgelaufene Pflegeprodukte sowie Medikamente und analysiere, was laut Verfallsdatum noch brauchbar ist.

Sich auf Notwendiges beschränken

Lange Zeit legte ich Wert darauf, dass meine Hausapotheke üppig gefüllt war. Aber sehr oft musste ich beim Großputz feststellen, dass gut 90 Prozent der Produkte abgelaufen waren. Also recycle ich die Pappschachteln und Beipackzettel aus Papier und gebe die Medikamente in einer Tüte in der Apotheke um die Ecke ab.

Schränke und Regale reinigen

Das Badezimmer ist ein feuchter Ort, daher nehme ich mir nach dem Ausräumen der Ablagen und Schränke die Zeit, sie gründlich zu reinigen und abzutrocknen, bevor ich die Gegenstände wieder an ihren Platz stelle.

Tipp

Reise-Seifen-Behälter für den Wochenend-Trip

Während meiner früheren Arbeit in der Musikbranche nahm ich aus den Hotels oft kleine Mini-Shampoos und Seifenproben mit und sammelte sie in einem luftdichten Beutel, um sie für spätere Reisen aufzubewahren. »Das ist so praktisch, wenn ich über das Wochenende wegfahre und keine großformatigen Produkte mitschleppen muss!«, dachte ich mir. Aber wenn ich meine Sammlung dann einmal durchsah, waren 90 Prozent der Produkte abgelaufen. Und dabei nahmen die Mini-Fläschchen jede Menge Platz in meinem Badezimmerschrank ein. Daher horte ich mittlerweile keine solchen Produkte mehr und nutze lieber wiederverwendbare Reise-Seifenflaschen und -dosen, die es in allen Größen und Formen gibt! Wenn ich heute in einen Kurzurlaub starte, dann nur mit meinen eigenen Pflegemitteln!

CHALLENGE 2 DETAILS

ALLE 3 MONATE

Sich um die »Vergessenen« kümmern

Es gibt einige Dinge im ganzen Haus, die man im Alltag leicht übersieht. Dabei ist es für unseren Komfort, unsere Gesundheit und unseren Geldbeutel von großem Vorteil, ihren Zustand zu optimieren.

1 LAMPENSCHIRME

Es gibt verschiedene Möglichkeiten, einen Lampenschirm vor der feuchten Reinigung zu entstauben:

- Bei einem Staubsauger, dessen Saugkraft sich drosseln lässt, bringe ich den entsprechenden Bürstenaufsatz an und sauge damit vorsichtig den Lampenschirm ab.
- Bei einem Staubsauger, dessen Saugkraft sich nicht drosseln lässt, sollte man ein Staubtuch verwenden.

Zum Reinigen mische ich 2 Teile Wasser sowie 1 Teil Haushaltsalkohol und reibe den Lampenschirm sanft mit einem sauberen, fusselfreien Tuch mit der Mischung ab. Selbst Spuren, die Insekten hinterlassen haben, werden diese Prozedur nicht überstehen.

2 LÜFTUNGSGITTER

Diese Öffnungen nach außen sind wertvoll, denn sie sorgen für eine gute Belüftung der Innenräume. Ich beginne mit dem Staubsaugen, wobei ich einen geeigneten Aufsatz verwende. Mit einer ausrangierten Zahnbürste und etwas *Savon de Marseille extra pur* reinige ich dann auch die engsten Stellen und entferne die Verkrustungen. Ich wische feucht nach und alles glänzt wieder wie neu.

3 GLÜHBIRNEN

Ich schalte das Licht aus oder ziehe den Stecker der Lampe und warte, bis die Glühbirne abgekühlt ist, dann schraube ich sie aus der Fassung.

Mit einem fusselfreien Tuch befreie ich die Glühbirne von Staub. Mit einem anderen Tuch und ein paar Tropfen Haushaltsalkohol wische ich sanft über die Glühbirne und – oh Wunder – sie strahlt wieder wie neu!

Alkohol hat den Vorteil, dass er sehr flüchtig ist, keine Spuren hinterlässt und naturgemäß viel schneller trocknet als Wasser.

Die Glühbirne ein paar Sekunden an der Luft liegen lassen, sodass die potenziell noch feuchten Teile trocknen, dann wieder einschrauben und fertig!

Sich um die »Vergessenen« kümmern

4 VORHÄNGE UND GARDINEN

Ob wir sie einfach nur zur Zierde nutzen oder dafür, in unserem Zuhause für etwas mehr Privatsphäre zu sorgen oder es abzudunkeln – auch Vorhänge und Gardinen leben im Rhythmus unseres Alltags.

Nicht waschbare Textilien

Leider werde ich hierbei nicht allzu hilfreich sein ...

Bei einigen sehr empfindlichen Modellen kann es vorkommen, dass man sich an einen professionellen Reinigungsbetrieb wenden muss. Ich empfehle jedoch, beim Kauf von Vorhängen und Gardinen darauf zu achten, dass man sie in der Maschine waschen kann.

Waschbare Textilien

Zum Glück gibt es immer mehr davon!

Die meisten Gardinen und Vorhänge, sogar viele Verdunklungsvorhänge, bei denen man das gar nicht denken würde, sind bei 30 °C (Polyester) oder 40 °C (Baumwolle oder Leinen) waschbar. Das Etikett des Herstellers gibt genauere Informationen.

• Ich hänge den Vorhang ab und bündele die Ösen mit einem Haargummi, damit sie nicht in der Trommel zusammenstoßen und beschädigt werden.

• Ich lasse die Maschine im Kurzprogramm bei 30 °C und mittlerem Schleudergang (800 Umdrehungen) laufen, damit der Stoff nicht zu sehr knittert. Zum Trocknen hänge ich den Vorhang dann einfach im noch nassen Zustand auf. Sein Gewicht wird den »Knitter-Effekt« deutlich verringern.

• Wenn ich vor Energie strotze, kann es vorkommen, dass ich den Vorhang dann noch bügele, sobald er nur noch leicht feucht ist. Aber oft bin ich einfach zu faul, die Ärmel hochzukrempeln und ihn erneut abzuhängen ... Und das Ergebnis gefällt mir meist auch ohne Bügeln sehr gut.

5 JALOUSIEN MIT LAMELLEN

Dies ist eine einfache und wirksame Methode, um Jalousien einwandfrei zu reinigen.

• Ich befeuchte ein altes, fusselfreies Baumwolltuch mit Haushaltsalkohol und wickele es um ein chinesisches Essstäbchen (alternativ um einen Kochlöffelstiel oder Ähnliches).

• Mit diesem behelfsmäßigen Werkzeug kann ich dann über, unter und zwischen die einzelnen Lamellen fahren, um die Verschmutzungen zu entfernen.

CHALLENGE 3 MASCHINEN

ALLE 3 MONATE

Die Haushalts-helfer pflegen

Sie reinigen unsere Wäsche sowie unser Geschirr, und wir vergessen oft, uns bei ihnen zu bedanken, indem wir uns auch um sie kümmern! Um die Leistung der Maschinen möglichst lange zu erhalten, sollten wir ihnen regelmäßig ein paar Minuten widmen, um sie zu pflegen!

1 WASCHMASCHINE

○ Ich löse den Waschmittelbehälter aus seiner Fassung und weiche ihn in Seifenwasser ein, um alle Verschmutzungen aufzuweichen, sodass sie sich später leichter lösen, wenn man mit einem Schwamm darüberwischt. Um auch die Mini-Zwischenräume oder schwer zugänglichen Stellen zu erreichen, kann man eine ausrangierte Zahnbürste verwenden.

○ Ich tränke ein Wischtuch mit Haushaltsalkohol und reinige die Türdichtungen. Dabei ziehe ich jede einzelne »Wulst« hoch, um den darunterliegenden Schmutz perfekt zu entfernen und die gesamte Oberfläche zu reinigen. Dann trockne ich alles mit einem sauberen Tuch.

○ Nun überprüfe ich den Zustand des Filters, indem ich die Abdeckung unten an der Vorderseite des Gerätes abnehme (ich habe zuvor ein großes Wischtuch auf den Boden gelegt, damit der Raum nicht überflutet wird, denn beim Herausnehmen des Filters tritt immer etwas Wasser aus). Bei Bedarf reinige ich den Filter mit einer Nagelbürste unter fließendem Wasser. Dann setze ich ihn wieder ein.

○ Dann wische ich über die Scheibe (innen und außen) des Bullauges.

○ Ich setze den Waschmittelbehälter wieder ein und gebe 8 EL Zitronensäurepulver (oder 1 l weißen Essig) direkt in die Trommel, dann lasse ich die Maschine leer bei 90 °C (1 Stunde im Kochwäscheprogramm) durchlaufen.

2 GESCHIRRSPÜLER

○ Hier verwende ich das gleiche Prinzip wie bei der Waschmaschine: 8 EL Zitronensäure direkt in die Maschine geben und die Maschine für einen Waschgang leer und bei hoher Temperatur durchlaufen lassen.

○ Um eine übermäßige Verschmutzung der Maschine zu vermeiden, spüle ich das Geschirr immer kurz ab, bevor ich es in die Maschine stelle, und reinige nach jedem Waschgang das Schmutzauffangsieb.

MEIN KLEINES PLUS
Ein Tipp gegen Schimmel an den Dichtungen: Ich lasse die Tür nach jedem Waschgang offen stehen, um Kondensation zu vermeiden und die Feuchtigkeit abzuleiten.

CHALLENGE 4 KANALISATION

ALLE 3 MONATE

Abflüsse und Siphons reinigen

Wasserleitungen durchziehen unsere Räume, selbst wenn wir sie nicht sehen können. Ohne regelmäßige Wartung können Abflüsse verstopfen, Rohre sich zusetzen und übelriechende Gerüche entstehen.

1 SCHLECHTEN GERÜCHEN VORBEUGEN

- Viermal pro Jahr schraube ich den Abfluss meines Waschbeckens und den Stöpsel des Siphons ab.

- Ich stelle einen Eimer unter, um Überschwemmungen zu vermeiden.

- Ich weiche die abnehmbaren Teile in einer Mischung aus sehr heißem Wasser und 2 EL Sodakristallen ein, um sie zu entfetten, und schrubbe sie dann mit einer weichen Scheuerbürste ab.

- Für die nicht abnehmbaren Teile nutze ich eine kleine ausrangierte Flaschenbürste und eine alte Zahnbürste mit etwas *Savon de Marseille extra pur* (helle Kernseife).

- Ich reinige die Dichtung mit lauwarmem Wasser (zu heißes Wasser schadet dem Material). Falls die Dichtung zu stark beschädigt ist, ersetze ich sie.

- Ich baue den Siphon wieder ein und schraube die Verbindungen fest. Diese Reinigung sieht man nicht unbedingt, aber ich bin zufrieden!

2 VERSTOPFUNGEN BESEITIGEN

Das Wasser in der Badewanne oder im Waschbecken fließt nicht mehr zügig ab?

- Mit kleinen Tüchern verstopfe ich den Überlauf (die kleine Öffnung am oberen Rand des Beckens oder der Wanne).

- Zuerst pumpe ich mit einer manuellen Saugglocke, die ich über dem Abfluss positioniere, den gröbsten Schmutz aus dem Abfluss. Vorsicht, denn was dabei herauskommt, kann ziemlich ekelerregend sein.

- Dann löse ich 3 EL Sodakristalle in 1 l kochendem Wasser auf und gieße die Mischung in den Abfluss.

- Ich lasse die Mischung 1 Stunde einwirken und spüle dann gründlich mit warmem Wasser nach.

Tipp

Kaffeesatz!

Manchmal schütte ich etwas Kaffeesatz (mit etwas heißem Wasser verdünnt) in den Abfluss von Spüle oder Waschbecken. Ich lasse ihn über Nacht einwirken und spüle ihn am nächsten Morgen einfach mit Wasser weg. So recycle ich den Kaffeesatz als Fettlöser und Mittel gegen Gerüche – und tue meinen Abflüssen etwas Gutes.

EINMAL PRO JAHR

Für optimalen Komfort

Ohne einen festen Zeitplan einzuhalten, führe ich bestimmte Arbeiten mittlerweile ganz automatisch ein- bis zweimal pro Jahr aus.

CHALLENGE 1 HOLZPFLEGE

1x
PRO JAHR

Wachs-behandlung

Ob es sich um einen Esstisch handelt, einen Schreibtisch, ein Sideboard oder eine Treppe – mit Wachs versiegeltes Massivholz braucht ab und zu eine kleine Spezialbehandlung.

EINE EFFEKTIVE METHODE

1. Mit speziellem Holzschleifpapier mit sehr feiner Körnung (180) schleife ich das Möbelstück leicht an, wobei ich der Richtung der Holzmaserung folge, um Kratzer und Beschädigungen zu vermeiden.

Falls noch Schmutz oder Flecken vorhanden sind, tauche ich ein Stück Stahlwolle in ein paar Tropfen Haushaltsalkohol und schmirgele damit das Holz weiter ab, wobei ich erneut die Maserung berücksichtige.

2. Was die Farbe von Wachs angeht, haben wir freie Auswahl. Natürlich kann man sie entsprechend zur Farbe des Holzes wählen, man kann aber auch mit helleren oder dunkleren Farbtönen experimentieren.

3. In einer Schüssel vermische ich 1 EL Holzwachs mit etwas Terpentin. Ich rühre vorsichtig, bis eine cremige (nicht zu flüssige) Paste entsteht.

4. Ich trage die Mischung auf und lasse sie ruhen, damit das Wachs in das Holz eindringen und es nähren kann.

5. Einige Stunden später nehme ich das überschüssige Wachs ab, indem ich einfach mit einem ausrangierten Pullover oder Wollsocken darüberwische! Der Glanz ist sofort da, es ist eine echte Freude!

Tipp

Ölbehandlung

Bei Regalen oder Arbeitsplatten, die täglich Verschmutzungen ausgesetzt sind, schleife ich bei Bedarf die Oberflächen ab und öle sie, um sie vor Wasser und Schmutz zu schützen.

1
2
3
4
5

CHALLENGE 2 WANDPFLEGE

1x PRO JAHR

Wände abwaschen

Die Aufschrift »abwaschbar« auf einem Eimer Wandfarbe ist beruhigend. Aber der Begriff verrät außerdem, dass Wände ab und zu abgewaschen werden sollten. Also, los geht's! Zumindest, wenn die Wand mit abwaschbarer Farbe gestrichen wurde.

1 ENTSTAUBEN

Mithilfe meines Teleskop-Staubwedels entferne ich zunächst Spinnweben und Staub von den Wänden. Diese Arbeit ist wirklich nicht sehr spannend, aber wichtig, um die spätere Waschaktion zu erleichtern.

2 ABWASCHEN

In einer Schüssel mische ich 2 EL Sodakristalle mit 1 l lauwarmem Wasser. Ich tauche einen grobporigen weichen (naturfarbenen) Schwamm hinein, wringe ihn leicht aus und arbeite mich von den Fußleisten bis zur Decke vor.

Ich fange immer unten an, um zu vermeiden, dass das schmutzige Wasser von der Reinigung der oberen Bereiche herunterrinnt und die unteren noch mehr verschmutzt.

Ich versuche außerdem, Schritt für Schritt vorzugehen, und putze in Quadraten von etwa 1 m² Fläche. So komme ich besser zurecht und vergesse keinen Teil der Wand.

3 NACHWISCHEN UND ABTROCKNEN

Um die Wirkung der Sodakristalle zu stoppen, ist es wichtig, sie zu neutralisieren. Nachwischen mit klarem Wasser und ein paar Tropfen weißem Essig genügen. Zum Schluss trockne ich die Wand mit einem fusselfreien weißen Baumwolltuch.

GUT ZU WISSEN
Nicht nur Wände, sondern auch Türen, Leisten, Kopfteile von Betten usw. verlangen manchmal nach einer Reinigung. Hierfür ist *Savon de Marseille extra pur* fantastisch. Einfach mit einem nur ganz leicht angefeuchten Schwamm über den Seifenwürfel streichen und damit die unerwünschten Spuren mit ein paar sanften Wischbewegungen entfernen.

CHALLENGE 3 **GROSSE KALIBER**

1x
PRO JAHR

Dem schwer zugänglichen Schmutz zu Leibe rücken

Kein Umzug, aber fast! Ich nehme all meinen Mut und meine Kraft zusammen, um die großen Möbel und Haushaltsgeräte beiseite zu rücken und auch hinter diesen klar Schiff zu machen (Kühlschrank, Gefriergerät, Sofa, Kommoden ...).

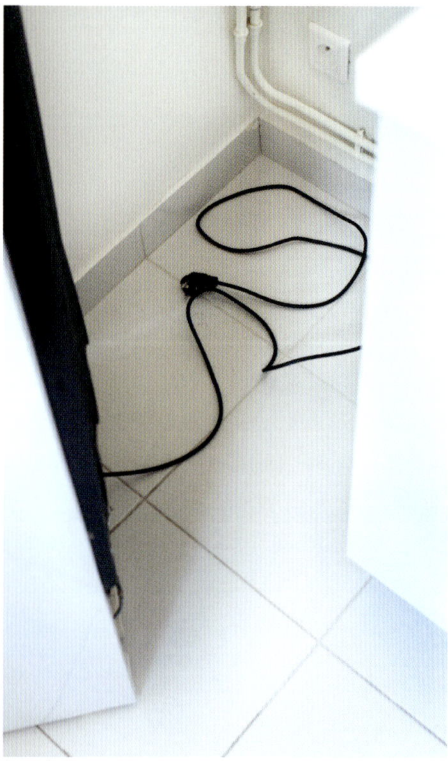

1 HINTER DEM KÜHLSCHRANK PUTZEN

Von innen haben wir den Kühlschrank ja bereits gereinigt (siehe Seite 90). Vergessen wir nun also nicht, den Stecker zu ziehen und das Gerät beiseite zu schieben, um Folgendes zu erledigen:

- Die Wand und den Boden, die ansonsten vom Gerät verdeckt werden, reinigen. Ich bin immer wieder überrascht, was man dort alles finden kann!
- Das hintere Gitter absaugen und reinigen. Das erleichtert das »Atmen« des Gerätes sowie das Abführen der von ihm abgegebenen Wärme – und es steigert damit seine Energieeffizienz!
- Unter dem Gitter, knapp über Bodenhöhe, haben einige Modelle eine »Wasserauffangschale«. Manchmal können schlechte Gerüche von dem darin befindlichen Wasser ausgehen. Daher den Behälter leeren oder, wenn er nicht abnehmbar ist, das Wasser mit einem Schwamm aufnehmen.

Das war's. Den Kühlschrank wieder an seinen Platz rücken (etwa 5 cm von der Wand entfernt).

2 DAS GEFRIERGERÄT ABTAUEN

Diese Aktion muss man ein wenig im Voraus planen, denn wir wollen ja keinesfalls Lebensmittel verschwenden!

Aber es ist eine gute Gelegenheit, um uns einen Überblick über unsere Tiefkühlvorräte zu verschaffen und sie nach und nach aufzubrauchen.

Einmal pro Jahr ziehe ich den Stecker und taue das gesamte Gefriergerät ab. Das Abtauen kann sehr unterschiedlich lange dauern, aber man sollte ausreichend Zeit einplanen.

1. Wenn sich noch letzte Lebensmittel im Gefriergerät befinden, lege ich sie in eine Kühlbox, zusammen mit ein paar Kühlpacks. (Manche Leute haben das Glück, zwei Gefrierschränke ihr Eigen zu nennen, was natürlich noch besser ist, denn dann kann man die Lebensmittel einfach in den zweiten umfüllen, um den ersten abzutauen.)

2. Ich nehme die Schubladen und Regalböden aus dem Gerät und lasse sie auf Raumtemperatur kommen (siehe Tipp).

3. Ich lege saugfähige Putztücher unter dem Gerät und darum herum aus. Ein weiteres Putztuch falte ich und lege es ganz unten in das Gefriergerät.

4. Ich stelle eine große Schüssel mit sehr heißem Wasser in das Gerät (bei sehr dickem Eis fülle ich mehrere Male neues heißes Wasser nach), um das Abtauen zu beschleunigen.

5. Ich schließe die Tür des Gerätes.

6. In der Zwischenzeit reinige ich mit *Savon de Marseille extra pur* (helle Kernseife) und lauwarmem Wasser die Schubladen sowie Regalböden und wische sie trocken.

7. Den abgetauten Innenraum reinige ich ebenfalls mit *Savon de Marseille extra pur* und desinfiziere ihn abschließend mit einem lebensmittelechten Desinfektionsmittel. Dann lasse ich das Gerät bei geöffneter Tür vollständig trocknen und schalte es danach wieder ein.

Tipp

Vorsicht, Temperaturschock-Gefahr!

Bevor ich die Schubladen und Regalböden des Gefriergerätes reinige, lasse ich sie auf Raumtemperatur kommen. Ich habe nämlich festgestellt, dass einige Teile sehr empfindlich sind, wenn sie in eiskaltem Zustand mit lauwarmem Wasser behandelt werden! Und auch wenn es meistens Ersatzteile gibt, wäre es ja schade, aus reiner Ungeduld etwas zu beschädigen.

CHALLENGE 4 BETTHYGIENE

2x PRO JAHR

Matratzen-Pflege

Ich bin kein Spezialist für Bettwaren, und vielleicht ist meine Arbeitsweise hierbei sogar zu lax, aber mir genügt es, mich zweimal pro Jahr (etwa im Juni und im November) auf mein Bett zu konzentrieren.

1 DIE MATRATZE WENDEN UND REINIGEN

Bevor ich die Matratze wende, sauge ich sie ab und reinige auch den Lattenrost und das Bettgestell.

Dann beseitige ich potenzielle Verfärbungen und Flecken auf der Matratze, und zwar mit folgenden Zaubermitteln: *Savon de Marseille extra pur* (oder Gallseife, für die hartnäckigsten Flecken).

- Ich verwende die richtige Menge *Savon de Marseille extra pur* und Wasser, um eine kleine Schicht Schaum direkt auf dem Fleck zu erzeugen.
- Ich achte darauf, dass die Matratze nicht zu stark durchnässt wird.
- Ich lasse die Seife 30 Minuten einwirken und wische sie dann mit einem Wischtuch und klarem Wasser ab.

2 KISSEN UND BETTDECKEN WASCHEN

Das Etikett an Decke, Kissen und Bezügen informiert darüber, wie die Bettwaren gewaschen werden können. In der Regel wasche ich mein Kopfkissen und meine Bettdecke bei 40 °C mit einem eher sanften Schleudergang (800 Umdrehungen) in der Waschmaschine.

Anschließend trage ich die noch nassen Stücke in den Waschsalon, um dort einen XL-Trockner mit dem Programm »kalt« zu nutzen. Diese kalte Trocknung ist viel weniger aggressiv als eine heiße – und schont meine Bettwaren.

Der Tipp, um die Trocknung zu beschleunigen und die Füllung schön flauschig aufzulockern: Ich gebe drei alte (aber saubere) Tennisbälle mit in die Trommel. In der Regel reichen zwei Durchgänge à 20 Minuten völlig aus. Nach dem ersten Durchgang nehme ich die Bettwaren kurz aus dem Trockner und schüttele sie auf.

Tipp

Eine wohlriechende Matratze

Bei Bedarf verteile ich morgens Natriumbicarbonat (Natron) auf der Matratze und massiere es ein wenig ein, dann lasse ich es den ganzen Tag einwirken. Am Abend sauge ich das Pulver mit dem Staubsauger ab.

Und auch der »Wodka-Trick« zum Auffrischen von Kleidung (Seite 28) funktioniert. Jede Woche, wenn ich das Bett frisch beziehe, besprühe ich die Matratze mit dieser Lösung und lasse sie trocknen, bevor ich das frische Laken aufziehe.

1x PRO JAHR

Terrasse oder Balkon

Ich nutze den Frühling, um mich auf den Sommer vorzubereiten. In der warmen Jahreszeit halten wir uns wahrscheinlich viel öfter draußen auf. Und dann wollen wir uns dort auch wohlfühlen!

1 DIE BÖDEN REINIGEN

Ob aus Stein, Fliesen oder Holz – ich nutze das gleiche Prinzip!

Ich benutze *Savon noir liquide* (flüssige schwarze Seife) auf Leinölbasis. Damit kann ich all die Spuren beseitigen, die Wind und Wetter im Herbst und Winter hinterlassen haben.

Mit einer Bürste mit harten Borsten (optional auf einen Stiel montiert) schrubbe ich die Böden mit einer Mischung aus 4 EL *Savon noir liquide* und 5 l warmem Wasser ab.

Bei Holz achte ich auf die Richtung der Holzfasern. Ich wische mit viel klarem Wasser nach und lasse alles an der Luft trocknen. Ein Vorteil der *Savon noir liquide* ist auch, dass sie keine negativen Auswirkungen auf die umliegende Flora und Fauna hat. Das ist für mich keine Nebensache. Und so genieße ich rundum entspannt meine Terrasse!

MEIN KLEINES PLUS
Ein Fettfleck auf dem Boden? Einfach direkt mit Pfeifenerde bestreuen, das Pulver einmassieren und einige Stunden einwirken lassen. Abbürsten und wegsaugen, fertig!

2 DEN GRILL PFLEGEN

Ich sehe mich schon dort und rieche sogar schon die himmlischen Düfte!

Der Grillrost muss regelmäßig gereinigt werden, da er direkt Fett und Hitze ausgesetzt ist. Das Ziel ist wie so oft: Vorfreude!

Nach jedem Gebrauch und solange der Rost noch leicht warm ist, schrubbe ich ihn kräftig mit einer geeigneten Stahlbürste ab. Die verkohlten Rückstände haben dann keine Chance, sich festzusetzen.

Falls doch noch einige Verschmutzungen vorhanden sind, trage ich *Savon noir en pâte* (schwarze Seife in Pastenform) auf und lasse sie einige Stunden einwirken. Anschließend schrubbe und spüle ich alles ab, um ein optimales Ergebnis zu erzielen. Zuletzt öle ich den Grillrost ein, um das Metall bis zur nächsten Grillparty (oder über den Winter) zu schützen.

3 DIE GARTENMÖBEL AUFHÜBSCHEN

Nach einem Winter im Freien können Tische und Co grau aussehen.

Um den Gartenmöbeln zu neuem Glanz zu verhelfen, verwende ich einfach meinen *Putzstein* (Rezeptur auf Seite 70).

Dank ihm lösen sich selbst die hartnäckigsten Flecken sowie Verschmutzungen, und ich erziele ein spektakuläres Ergebnis.

4 HOLZ VON GRAUSCHLEIER BEFREIEN

Wer eine »natürliche Patina« mag, kann diesen Tipp gerne ignorieren.

Für allen anderen: Man kann man das Holz mit einem selbst gemachten »Holzentgrauer« aufhübschen! Hierfür mische ich 1 l lauwarmes Wasser und 5 EL Kleesalz (Kaliumhydrogenoxalat) in einer Schüssel. Ich tauche eine Bürste mit harten Borsten hinein und mache mich an die Holzflächen der Gartenmöbel (Schutzhandschuhe tragen, denn das Mittel kann die Haut reizen!). Ich lasse die Mischung etwa 10 Minuten einwirken, bevor ich sie mit klarem Wasser abbürste und abspüle. Nach dem vollständigen Trocknen kann ich das Holz zuletzt mit einem Öl oder einem anderen geeigneten Produkt nachbehandeln, um es für das kommende Jahr vor Witterungseinflüssen zu schützen.

5 DEN POOL REINIGEN

Ich arbeite entlang der »Wasserlinie«.

Oft genügt ein simpler »Zauber- oder Schmutzradierer-Schwamm«. Falls das nicht reicht, hole ich noch einmal meinen *Putzstein* (Rezeptur auf Seite 70) hervor, ziehe meine Badehose an und schrubbe die Flecken mit dem dazugehörigen Schwamm weg. Es ist eine Freude, Baden und Putzen miteinander zu verbinden! Bei dieser Gelegenheit reinige ich auch die Skimmer und alle Plastikabdeckungen mit demselben Produkt.

6 DIE ABDECKPLANEN REINIGEN

Sonnenschirme, Tische, Liegestühle …

Ich befeuchte deren Abdeckplanen mit Wasser und reibe mit meinem Würfel *Savon de Marseille extra pur* darüber. Mit einer weichen Bürste schäume ich die Seife auf und lasse sie dann etwa 30 Minuten einwirken. Ich spüle unter ständigem Bürsten mit klarem Wasser nach und lasse die Planen im Schatten an der frischen Luft trocknen. Falls die Flecken hartnäckig sind, verwende ich eine Mischung aus Wasser und Sodakristallen, die für eine extra gründliche Reinigung sorgt.

CHALLENGE 5 IM FREIEN

1x PRO JAHR

Werkzeugpflege

Ich muss zugeben, dass ich Metall mit Patina ästhetisch sehr ansprechend finde, aber in diesem Buch geht es ja nicht um Deko-Objekte! Ich reinige verrostete Werkzeuge oder Utensilien, um ihre Funktionsfähigkeit zu optimieren und um sie vor vorzeitigem Verschleiß zu schützen.

EINE EFFEKTIVE METHODE

1. In einem Behälter mit der richtigen Größe (je nachdem, was ich zu reinigen habe) 3–5 EL Zitronensäurepulver in köchelndem Wasser auflösen.

2. Die verrosteten Gegenstände für 30–60 Minuten darin einweichen. In der Zwischenzeit kann ich meine Verschönerungsaktion im Freien fortsetzen und z. B. die Gartenmöbel in Angriff nehmen (Seite 129).

3. Sobald das Wasser auf Raumtemperatur abgekühlt ist (darauf achten, dass man sich nicht verbrennt), die Gegenstände aus dem Säurebad nehmen und mit einem weichen Tuch abreiben.

4. Falls es immer noch Spuren gibt, verwende ich Stahlwolle Nr. 000, um die Oberflächen, die es nötig haben, sanft zu polieren. Manchmal lege ich die Gegenstände für einige Minuten erneut in das Säurebad.

5. Abschließend wische ich mit klarem Wasser nach und trockne die Werkzeuge. Die Metallflächen öle ich leicht ein, um sie vor Rost zu schützen.

MEIN KLEINES PLUS
Diese Methode eignet sich auch für metallene Küchenhelfer, wie etwa Sparschäler, deren Klingen zum Rosten neigen, was nicht sehr appetitlich aussieht.

1

2

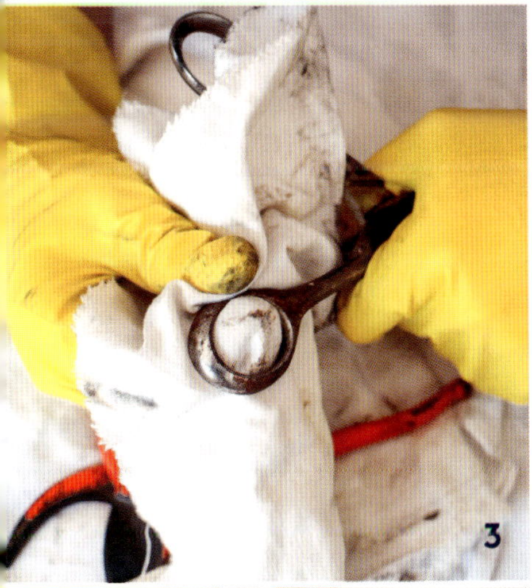
3

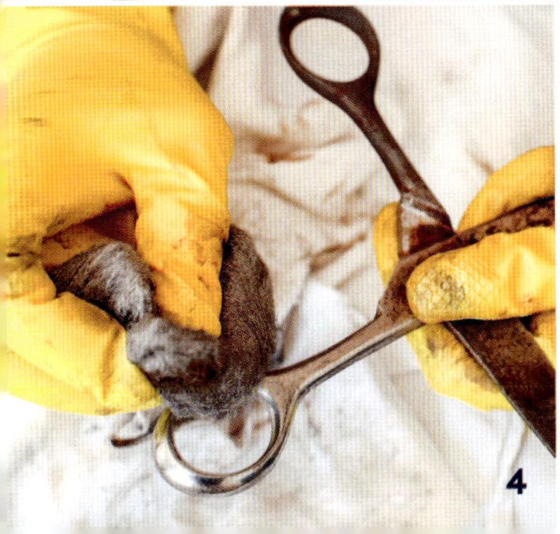
4

5

1x PRO JAHR

Den Kamin oder Holzofen reinigen

So ein knisterndes Holzfeuer ist eine grandiose Sache! Einmal pro Jahr, wenn der Frühling kommt, mache ich mich daran, den Kamin gründlich zu reinigen, damit ich ihn in der nächsten Saison erneut genießen kann!

1 DEN KAMINZUG FEGEN LASSEN

Ich habe eine Situation erlebt, die fatal hätte enden können. Ein Kaminzug fing Feuer, weil er ein Jahr lang nicht gefegt worden war. Diese Arbeit sollte man unbedingt Fachleute machen lassen, da sie unserer und der Sicherheit anderer dient. Außerdem verlangen auch Versicherungen im Falle eines Brandes den Nachweis einer zertifizierten Wartung, bevor sie für den entstandenen Schaden aufkommen. Kurzum: Ein ungepflegter Schornstein kann uns einiges kosten, sowohl im wörtlichen als auch im übertragenen Sinne.

2 DEN KAMINEINSATZ REINGEN

Als Erstes vergewissere ich mich, dass in jüngster Vergangenheit kein Feuer gemacht wurde. Auf keinen Fall darf ich mit heißer Asche hantieren, die aus nichts anderem als »Mini-Zündfunken« besteht. Zuerst entferne ich die kalte Asche mit Kehrbesen und Schaufel. Ich benutze nie direkt einen Staubsauger, da die große Menge an ultrafeinen Partikeln das Gerät beschädigen könnte, das dafür nicht ausgelegt ist.

3 DIE ASCHE NUTZEN

Ich siebe die Asche am Fuße eines Baumes oder in einem Blumenbeet fein aus und fülle das Pulver in ein Schraubglas. Mit ihm reinige ich bei Bedarf Silberbesteck (ja, wirklich, das funktioniert äußerst effektiv) – und die Sichtscheibe des Kamins oder Ofens (falls vorhanden).

Nun kann ich den Kamineinsatz mit einer Mischung aus heißem Wasser und Sodakristallen und mithilfe einer Bürste mit harten Borsten putzen. Der erste Durchgang kann etwas entmutigend erscheinen, da immer etwas Asche übrig bleibt, die zusammen mit dem Wasser eine pechschwarze Sauce bildet. Das ist aber nicht schlimm – man arbeitet einfach weiter, spült, wischt und wiederholt den Vorgang.

Bei weißen Kaminsteinen bürste ich diese anschließend mit *Savon de Marseille extra pur* sauber.

4 DIE SICHTSCHEIBE REINIGEN

Die Sichtscheibe eines Holzofens oder Kamins kann vom Ruß ziemlich geschwärzt und undurchsichtig werden, und dabei ist es doch so schön, den Blick auf die abbrennenden Holzscheite zu richten. Für mich ist das Beobachten eines Holzfeuers ein bemerkenswerter natürlicher Stressabbau.

Mit einem feuchten Tuch, das ich in die zuvor gesiebte und in ein Schraubglas abgefüllte Asche stippe, mache ich mich an die Scheibe (solange sie noch lauwarm ist, wie beim Backofen, denn dann ist die Reinigung einfacher). Ich verteile die Asche mit kleinen, gleichmäßigen Kreisbewegungen über die gesamte Oberfläche und nutze sie als ein hervorragendes sanftes Scheuermittel! Ich wische mit klarem Wasser nach und trockne alles ... und schon ist die Sache erledigt!

WEITERE TIPPS UND TRICKS

Für den Fall der Fälle

Im Haushalt können sich die unterschiedlichsten Situationen ergeben, mit denen wir umgehen müssen. Von Schädlingen bis hin zu etwas ungewöhnlichen Materialien und natürlich auch Flecken – dieses Kapitel kann man je nach Bedarf und Anlass zurate ziehen!

15 MINUTEN

Natürliche Schädlingabwehr

Obwohl klein an Größe, kann Ungeziefer große Schäden in unserem Zuhause anrichten! Das Ziel hier ist es daher, Schädlinge aus unseren Wohnräumen zu verbannen. Eine banale, aber unbestreitbare Tatsache: Die richtige Pflege verringert die Gefahr eines Befalles um ein Vielfaches!

1 KLEIDERMOTTEN

Savon de Marseille olive *(grüne Kernseife aus Olivenöl) wehrt die Falter außerordentlich gut ab.*

1. Ich wärme den Bohrer einer Bohrmaschine in sehr heißem Wasser an und bohre dann damit ein Loch in eine der vier Ecken des Seifenblockes.

2. Mit einem großen Messer mit glatter Klinge ohne Zacken (die Klinge wärme ich ebenfalls in kochendem Wasser an) schneide ich Scheiben vom Block ab.

3. Meine »Mottenabwehr« ist fast fertig!

4. Jetzt muss ich nur noch eine kleine Kordel an jeder Seifenscheibe befestigen und schon kann ich sie im Kleiderschrank aufhängen!

MEINE KLEINEN TRICKS

- Wenn ich morgens meine Zimmer lüfte, öffne ich auch die Schränke und Kleiderschränke. Denn Motten lieben warme und unbelüftete Räume.
- Ich verstaue niemals bereits getragene Stücke in meinem Kleiderschrank, auch wenn ich vorhabe, sie am nächsten Tag wieder anzuziehen.
- Ich reinige regelmäßig Kommoden/ Kleider- sowie Vorratsschränke und benutze dabei auch *Savon de Marseille olive* (grüne Kernseife aus Olivenöl). Diese Stauräume müssen frisch, luftig und sauber bleiben.

1

2

3

4

Natürliche Schädlingsabwehr

Alternative Schutzmittel gegen Kleidermotten

Im Sommer

Am Ende ihrer Blütezeit schneide ich manchmal ein paar Lavendeldolden ab, lasse sie trocknen und stecke sie in kleine Stoffsäckchen. Der Lavendel duftet herrlich, besonders, wenn ich die Säckchen auf den Regalen in meinen Schränken ab und zu ein wenig knautsche ... Damit feiere ich die schönen Sommertage!

Im Herbst

Ich nutze einen Spaziergang, um ein paar schöne, große, glänzende und nicht rissige Kastanien zu sammeln. Ich verteile sie in den Aufbewahrungsboxen meines Kleiderschrankes, in meinen Schubladen, in den Taschen meiner Jacken oder Mäntel, zwischen meinen Pullovern etc.

Eine Alternative aus dem Handel

Zedernholz ist eine wirksame Mottenabwehr. Es ist in verschiedensten Formen erhältlich: als Kugel, als Würfel, als Kleiderbügel etc. Etwa alle 6 Monate sollte das Zedernholz leicht abgeschliffen werden, um die Durftwirkung zu reaktivieren, man kann auch einen Tropfen ätherisches Zedernöl auf das Holz träufeln.

2 LEBENSMITTELMOTTEN

Diese gefräßigen Gesellen ernähren sich von all den kleinen Krümeln, die sie in Vorratsschränken und Speisekammern finden, bevor sie sich über die eigentlichen Behälter unserer Vorräte hermachen.

Im Fall von Lebensmittelmotten in den Vorräten

Ich inspiziere alle Lebensmittelbehälter und -packungen. Ich isoliere das, was nicht befallen ist. Leider muss jedes infizierte Produkt komplett entsorgt werden. Die Motten legen winzige Eier, und es wäre unmöglich, Reiskörner und Co effektiv von den Motten und deren Nachwuchs zu befreien.

Ich reinige das gesamte Regal mit weißem Essig oder Wasser mit *Savon de Marseille olive* (grüne Kernseife aus Olivenöl) – und trockne es ab. Ich organisiere meine Vorräte neu.

Gefährdete Lebensmittel richtig lagern

Für die Aufbewahrung von Getreide, Samenkörnern, Nüssen, Trockenfrüchten, Reis, Müsli, Nudeln und Co bevorzuge ich luftdicht verschließbare Gläser. Es gibt sie in allen Größen und Formen. So kann man sie perfekt an die eigenen Aufbewahrungsmöbel anpassen.

Bei mir wird Mehl außerdem im Kühlschrank aufbewahrt.

Duftende Sträuße: eine Deko mit Zweck!

Lebensmittelmotten hassen Thymian, Rosmarin, Lorbeer und Lavendel. Wir können also unserer Fantasie freien Lauf lassen und Sträuße binden, die unserer Küche einen hübschen dekorativen (und nützlichen) Touch verleihen.

Nicht ganz so praktisch, aber warum nicht ...?

Gewürznelken oder Muskatnuss kann man in kleinen Schalen als Mottenabwehr auf das Regal stellen. Da ich von Natur aus aber eher tollpatschig bin, stoße ich sie meistens irgendwann aus Versehen um ...

3 SCHUTZ VOR AMEISEN, KAKERLAKEN, BETTWANZEN UND FLÖHEN

Kieselgur ist ein wirksames und für den Menschen ungefährliches natürliches Insektizid. Allerdings bin ich bei der Anwendung vorsichtig, da das Pulver nicht eingeatmet werden darf. Ich benutze es daher nur an strategisch sinnvollen Punkten: in Zimmerecken und kleinen Nischen, hinter Möbeln, hinter Schränken, unter Fußleisten, Teppichen usw. Kurz gesagt, an all diesen kleinen Stellen außerhalb meines Blickfeldes, bei denen ich mir vorstellen kann, dass es sich Schädlinge darin gemütlich machen könnten.

4 EIN MITTEL GEGEN FRUCHTFLIEGEN

Reifes Obst und Gemüse zieht die Aufmerksamkeit dieser kleinen Insekten auf sich. Ich achte darauf, nichts zu lange im Korb zu lassen. Ein Korken im Obstkorb hat einen doppelten Nutzen: Er verhindert, dass das Obst zu schnell reift, und er hält Fliegen ab, die Korkgeruch hassen. Manchmal lasse ich ein Tuch in der Luft kreisen, auf das ich einige Tropfen ätherisches Lavendelöl geträufelt habe. Fruchtfliegen und Co fliehen sofort! Wenn ich zu müde bin, um das Tuch zu schwingen, besprühe ich meine Vorhänge und Gardinen mit Wodka, in den ich ein paar Tropfen ätherisches Lavendelöl gegeben habe.

5 EIN MITTEL GEGEN BLATTLÄUSE

Das Zaubermittel im Garten heißt flüssige schwarze Seife!

Wenn man 4 EL *Savon noir liquide* in 1 l Wasser verdünnt, kann man alle möglichen Pflanzen damit besprühen. Ein natürliches Insektizid zur Bekämpfung von Blattläusen, Spinnmilben, Schildläusen und Co.

MEINE KLEINEN TRICKS

Ich kann es gar nicht oft genug wiederholen: Vor Schädlingen in einem Wohnraum ist niemand gefeit. Aber mit einer gut aufgeräumten, geputzten und hygienisch reinen Wohnumgebung halten wir diese Gefahr in Grenzen.

Kakerlaken etwa kommen, um Krümel auf dem Boden zu verschlingen: Ich kehre, wische oder sauge meine Räume daher regelmäßig.

Lebensmittelmotten suchen in unseren Schränken nach Nahrung: Ich optimiere die Aufbewahrung, um ihnen den Zugang zu den Nahrungsmitteln zu erschweren.

Fruchtfliegen werden von reifem Obst und Gemüse angelockt. Daher achte ich auch hier auf die Art der Aufbewahrung.

15 MINUTEN

Turnschuhe reinigen

Weiße Sneakers können sehr stylish sein, wenn sie »etwas erlebt« haben, aber manchmal tut ihnen eine gründliche Reinigung ganz gut. Und keine Sorge, der Coolness-Faktor geht dadurch nicht verloren!

1 WEISSE LEDER-SNEAKERS

1. Die Schnürsenkel entfernen.

2. Mit einem Schwamm oder Wischtuch, das unter warmem Wasser ausgewaschen und gründlich ausgewrungen wurde (ich reinige Leder nie mit viel Wasser), etwas *Savon de Marseille extra pur* aufnehmen und jeden Schuh vorsichtig in kleinen, gleichmäßigen Kreisen damit abschrubben. Für die Sohle verwende ich eine harte Bürste.

3. Mit einem ebenfalls nur leicht feuchten Wischtuch nachwischen, dann die Schuhe an einem luftigen Ort (aber nur in Sonderfällen in der prallen Sonne) trocknen lassen. Das war's. Die Sneakers behalten ihren Charakter und sind trotzdem einigermaßen sauber!

2 WEISSE TEXTIL-SNEAKERS

1. Die Schnürsenkel entfernen.

2. Einen Würfel *Savon de Marseille extra pur* (helle Kernseife) mit Wasser befeuchten und damit direkt alle Flecken und grauen Stellen auf den Schuhen einreiben. Ziel ist es, eine dünne Seifenschicht zu erzeugen, die dann etwa 15 Minuten lang einwirkt.

3. Die Schuhe in eine Schüssel mit sehr warmem Wasser tauchen, in dem man zuvor 2 EL Natriumpercarbonat aufgelöst hat. 45 Minuten einweichen lassen.

4. Dann die Schuhe in der Waschmaschine im Schnellwaschgang bei 30 °C oder 40 °C waschen (Schleudern mit maximal 800 Umdrehungen, um sie nicht zu beschädigen).

Tipp

Ich nutze meine alten Zeitungen

Auch wenn ich nicht allzu oft eine Komplett-Reinigung meiner Turnschuhe vornehme, stopfe ich systematisch nach dem Tragen einige Seiten zerknüllte Zeitung in die Schuhe. Dadurch wird die Feuchtigkeit absorbiert und die Trocknung wird beschleunigt.

3 WEISSE SCHNÜRSENKEL

1. Die Schnürsenkel mit Wasser befeuchten und dann mit einem Würfel *Savon de Marseille extra pur* einreiben, wobei ich darauf achte, ihnen wieder eine gute Form zu geben, da sie oft »in sich verdreht« sind.

2. Die Seife etwa 15 Minuten einwirken lassen und die Schnürsenkel dann 1 Stunde in einer Mischung aus warmem Wasser und Natriumpercarbonat einweichen.

3. Dann mit der nächsten Ladung Weißwäsche in der Waschmaschine waschen (Kurzprogramm bei 30 °C oder 40 °C).

DIE KRÄFTE DER NATUR
Ob Schnürsenkel aus weißer Baumwolle oder weiße Turnschuhe aus Leinen: Manchmal stelle ich sie in die pralle Sonne, nachdem ich sie mit *Savon de Marseille extra pur* eingerieben habe. Das kann helfen, sie noch mehr zu bleichen. Und auch das Mondlicht bleicht Wäsche. Jetzt müssen wir nur noch den Wetterbericht zurate gezogen haben, denn Regen auf den Schuhen wäre weniger günstig …

15 MINUTEN

Silber polieren

Heutzutage bekommt man hübsches Besteck oder Geschirr aus Silber auf vielen Flohmärkten oder Secondhand-Websites. Allerdings muss man Silberwaren richtig reinigen, um sie in voller Pracht zu nutzen.

EINE EFFEKTIVE METHODE

In 3 Schüsseln gebe ich:

- klares Wasser
- Schlämmkreide
- Wasser mit etwas *Savon de Marseille extra pur*

Außerdem nutze ich einen Auffangbehälter/ein Tablett als Unterlage.

1. Ich tauche den Silbergegenstand in das klare Wasser.

2. Dann stippe ich ihn in die Schlämmkreide. Das Wasser sorgt dafür, dass das Pulver auf dem Silber haften bleibt. Ich achte darauf, dass immer mehr Pulver als Wasser vorhanden ist, damit es eine dicke Paste ergibt und nichts als Flüssigkeit herabtropft. Das würde weniger gut funktionieren und vor allem mehr Schmutz machen.

3. Mit den Fingern (keine Sorge, die dunklen Silberspuren an den Händen verschwinden sofort wieder, sobald man sie sich wäscht) und über dem Auffangbehälter reibe ich den Gegenstand sanft ab. Das Ergebnis ist sofort sichtbar.

4. Zum Schluss bade ich den Gegenstand im Seifenwasser, spüle mit klarem Wasser nach und trockne ihn mit einem Mikrofasertuch ab, um ihn auf Hochglanz zu polieren.

Um sparsam mit der Schlämmkreide umzugehen, wenn ich mich an eine größere Menge von Silberwaren heranwage, benutze ich die Bröckchen, die in den Auffangbehälter gefallen sind, weiter. Solange die Schlämmkreide nicht zu dunkel verfärbt ist, kann sie erneut verwendet werden, um die Reinigung ein wenig fortzusetzen. Sobald ich aber mit allem fertig bin, entsorge ich die Kreideklümpchen.

GUT ZU WISSEN
Diese Methode eignet sich auch für Vermeil (vergoldetes Silber). Achte jedoch darauf, nicht zu stark zu reiben und die Gegenstände nicht zu oft zu reinigen, da die Legierung auf dem Silber sensibel und nur hauchdünn ist.

1

2

3

4

2
MINUTEN

Ran an die Flecken!

Kleine Unglücke können jedem und zu jeder Zeit passieren. Darum ist es gut zu wissen, wie man am besten mit ihnen umgeht! Das Wichtigste ist, methodisch vorzugehen und die am besten geeignete Methode zu verwenden. Die Flecken verschwinden, und ich bin … happy!

1 ANALYSE

Das Geheimnis einer guten Fleckentfernung ist, wohlüberlegt und so schnell wie möglich zu handeln, damit sich der Schmutz nicht zu tief eingräbt. Ich nehme mir ein paar Sekunden Zeit, um den Fleck zu analysieren und nicht mit einer falschen Reinigungsmethode alles noch schlimmer zu machen. Dabei hängt mein Vorgehen von der Art und Beschaffenheit des Fleckes ab:

- Ein Fleck, den ich mit einem Schwamm oder Tuch abtupfe/wegwische (Flüssigkeiten).

- Ein Fleck, den ich im feuchten Zustand mit einem Esslöffel abschabe (Pasten).

- Ein Fleck, den ich vor dem Reinigen trocknen/aushärten lasse und dann abbürste/ablöse (Erde, Staub, Kaugummi …).

2 ACTION

- Ich tupfe/schabe so viel wie möglich von der Substanz ab (dies verhindert, dass ich den Fleck durch Wischen oder Rubbeln noch weiter in Fasern oder Co hineinarbeite).

- Ich behandele den Fleck vor, indem ich das geeignete Reinigungsmittel auf die Vorderseite und, wenn möglich, auf die Rückseite des Stoffes auftrage.

- Ich lasse das Reinigungsmittel einwirken (ja, ich gebe dem verwendeten Produkt eine Chance).

- Ich reibe/bürste/drücke, um den Fleck von seinem Untergrund zu lösen (die mechanische Einwirkung ist wichtig).

- Ich spüle den Fleck mit Wasser ab oder wasche das Textil in der Waschmaschine.

3 MEINE WICHTIGSTEN FLECKENMITTEL

Savon de Marseille extra pur

Diese helle, rein pflanzliche Kernseife ohne Duft- und Farbzusätze ist ein absoluter Alleskönner. Ihre fettlösenden und schäumenden Eigenschaften sind einfach grandios.

Savon noir en pâte (à l'huile de lin)

Die Leinölfettsäuren verleihen dieser schwarzen Schmierseife in Pastenform besonders stark reinigende Eigenschaften.

Gallseife

Diese Seife enthält Extrakte aus Rindergalle, die ihr eine außergewöhnlich starke Reinigungskraft verleihen – und dies sogar auf den empfindlichsten Textilien!

Pfeifenerde

Für Textilien, die nicht für die Waschmaschine geeignet sind, für Leder, aber auch für Holz, Naturstein oder Beton. Mit seiner unglaublichen Saugfähigkeit ist dieses Pulver aus fein zernahlener Tonerde ideal für die Trockenreinigung, vor allem für das Entfernen von Fettflecken.

WORAUF BERUHT DIE WASCHWIRKUNG VON SEIFE? DAS IST HIER DIE FRAGE!

Das Seifenmolekül besteht aus zwei verschiedenen Teilen:
1) Dem »Kopf« (hydrophil), der von Wasser angezogen wird.
2) Dem »Schwanz« (hydrophob), der sich vom Wasser abwendet und der von Schmutz und Fett angezogen wird.
Sobald die Seifenmoleküle mit Wasser in Berührung kommen, richten sie sich auf bestimmte Weise aus: Der Kopf bleibt im Wasser und der Schwanz strebt aus dem Wasser heraus, sodass die Oberflächenspannung des Wassers verringert wird, wodurch das Textil besser benetzt werden kann. Außerdem umschließen die Seifenmoleküle die Schmutzpartikel, da sich der hydrophobe Schwanz an diese anlagert, während der hydrophile Kopf sich von ihnen abwendet und versucht, im Wasser zu bleiben. Durch diese »Ummantelung« werden selbst Schmutzpartikel wie Fett wasserlöslich und können mit dem Waschwasser abgespült werden.

4 SPEZIFISCHE FLECKENARTEN ENTFERNEN

Angebranntes

2 TL Zitronensäurepulver in den angebrannten Topf geben, mit Wasser bedecken und dieses zum Kochen bringen. Abkühlen lassen, schrubben und ausspülen.

Aureole (auf Holz)

Das Holz in Richtung der Maserung mit einem echten (Wein-)Korken abreiben und polieren.

Aureole (auf Textilien)

Behandele T-Shirts, Blusen oder Hemden im Bereich der Achseln/Kragen/Bündchen regelmäßig vor, auch wenn sie nicht fleckig aussehen: Anfeuchten, mit *Savon de Marseille extra pur* bedecken und diese 15 Minuten einwirken lassen. In der Waschmaschine waschen.

Ein Fleck hat sich hartnäckig festgesetzt? Die Stelle 1 Stunde in einem Behälter in einer Mischung aus 1 l Wasser und 3 TL Zitronensäurepulver einweichen. Dann in der Waschmaschine waschen.

Blut

Maschinenwaschbares Textil: Mit Wasser befeuchten. Mit Gallseife bedecken und nach 15 Minuten in der Waschmaschine waschen.

Ein winziger Spritzer: Einspeicheln und auswaschen.

Brandverfärbungen

Maschinenwaschbares Textil: Mit Wasserstoffperoxid betupfen und dieses 15 Minuten einwirken lassen. In der Maschine waschen.

Butter

Maschinenwaschbares Textil: So gut wie möglich abschaben. Mit Gallseife bedecken und diese 15 Minuten einwirken lassen. In der Waschmaschine waschen.

Nicht maschinenwaschbares Textil oder fester Untergrund: Abkratzen und den Fleck mit Pfeifenerde bedecken. So lange wie möglich einwirken lassen. Anschließend mit dem Staubsauger absaugen. Bei Bedarf wiederholen.

Champagner/Sekt

Einfach nur Wasser!

Erbrochenes

Nicht maschinenwaschbares Textil: Abtufen/abkratzen. Etwas Sprudelwasser darüber gießen, 15 Minuten einwirken lassen, dann erneut abtupfen. Mit Gallseife einreiben. Einwirken lassen, mit klarem Wasser und einem Tuch abtupfen.

Gras/Kräuter

Maschinenwaschbares Textil: Anfeuchten und mit *Savon de Marseille extra pur* bedecken und diese mit einer ausrangierten Zahnbürste in das Textil einarbeiten. 15 Minuten einwirken lassen. In der Waschmaschine waschen.

Grundierung (Make-up)

Maschinenwaschbares Textil: Mit *Savon de Marseille extra pur* einreiben. 15 Minuten einwirken lassen. In der Waschmaschine waschen.

Harz

Maschinenwaschbares Textil: So gut wie möglich abschaben. Mit etwas Butter anlösen. Erneut alles abschaben. Mit Gallseife bedecken und diese 15 Minuten einwirken lassen. In der Waschmaschine waschen.

Jodtinktur

Maschinenwaschbares Textil: Mit 90-prozentigem Alkohol abtupfen. In der Waschmaschine waschen.

Kaffee

Maschinenwaschbares Textil: Mit Wasser ausspülen. Mit *Savon de Marseille extra pur* bedecken und diese 15 Minuten einwirken lassen. In der Waschmaschine waschen.

Nicht maschinenwaschbares Textil: Mit einer Mischung aus 1 Teil Wasser und 1 Teil (90-prozentigem) Alkohol betupfen. Mit einem feuchten Tuch abtupfen.

Kakao

Maschinenwaschbares Textil: Mit kaltem Wasser ausspülen. *Savon de Marseille extra pur* oder Gallseife auftragen und 15 Minuten einwirken lassen. In der Waschmaschine waschen.

Karottensaft (auf Plastik)

Mit einem in Pflanzenöl (Erdnuss-, Raps-, Sonnenblumen-, Olivenöl ...) getränkten Wischtuch abreiben.

Kaugummi

Maschinenwaschbares Textil: Mit einem Eiswürfel kühlen, um ihn auszuhärten. So gut wie möglich abkratzen/ablösen. Falls Aureolen bleiben, diese mit *Savon de Marseille extra pur* bestreichen. In der Waschmaschine waschen.

Kerzenwachs

Maschinenwaschbares Textil: Das Wachs aushärten lassen. Mit einem Esslöffel so viel Wachs wie möglich abschaben. Jeweils ein Blatt Küchenkrepp auf und unter den Fleck legen und mit einem Bügeleisen ohne Dampf bügeln. Bei Bedarf wiederholen. Verbleibende Aureole mit *Savon de Marseille extra pur* bedecken und das Textil in der Waschmaschine waschen.

Klebstoff/Etiketten

Klebstoffreste auf Metall, Glas, oder Plastik: Mit Pflanzenöl anlösen und dieses 1 Minute einwirken lassen. Mit einem Tuch abrubbeln. Mit *Savon de Marseille extra pur* und warmem Wasser entfetten.

Kot (Vogel)

Maschinenwaschbares Textil: So gut wie möglich abschaben. Mit *Savon de Marseille extra pur* einreiben und diese 15 Minuten einwirken lassen. In der Waschmaschine waschen.

Kratzer (auf Glas)

Den Mini-Kratzer mit einer walnussgroßen Menge Zahnpasta bedecken. Mit einem fusselfreien Tuch kreisend verreiben. Feucht abwischen und zuletzt abtrocknen.

Lack

Maschinenwaschbares Textil: Den betroffenen Stoff mit einer Mischung aus 1 Teil Wasser und 1 Teil (90-prozentigem) Alkohol tränken. In der Waschmaschine waschen.

Lippenstift

Maschinenwaschbares Textil: So gut wie möglich abschaben. Mit Gallseife betupfen und diese 15 Minuten einwirken lassen. In der Waschmaschine waschen.

Mayonnaise

Maschinenwaschbares Textil: Abkratzen. Mit Gallseife bedecken und diese 15 Minuten einwirken lassen. In der Waschmaschine waschen.

Nicht maschinenwaschbares Textil oder fester Untergrund: Abkratzen und mit Pfeifenerde bedecken. So lange wie möglich einwirken lassen. Anschließend mit dem Staubsauger wegsaugen. Bei Bedarf wiederholen.

Milch

Maschinenwaschbares Textil: Das Textil anfeuchten und mit *Savon de Marseille extra pur* bedecken. Diese 15 Minuten einwirken lassen. In der Waschmaschine waschen.

Öl

Maschinenwaschbares Textil: Mit Gallseife bedecken. 15 Minuten einwirken lassen. In der Waschmaschine waschen.

Nicht maschinenwaschbares Textil oder fester Untergrund: Abkratzen, mit Pfeifenerde bedecken. So lange wie möglich einwirken lassen. Absaugen. Bei Bedarf wiederholen.

Rote Früchte

Maschinenwaschbares Textil: Abtupfen/abkratzen. Mit Gallseife bedecken (die Farbe wird blau). 15 Minuten einwirken lassen. In der Waschmaschine waschen.

Rotwein

Maschinenwaschbares Textil: Abtupfen. Den betroffenen Stoff mit Gallseife bedecken (die Farbe wird blau) und diese 15 Minuten einwirken lassen. In der Waschmaschine waschen.

Salatdressing

Maschinenwaschbares Textil: Abtupfen. Mit Gallseife bedecken und nach 15 Minuten in der Waschmaschine waschen.

Nicht maschinenwaschbares Textil oder fester Untergrund: Mit Pfeifenerde bedecken. So lange wie möglich einwirken lassen. Anschließend mit dem Staubsauger wegsaugen. Bei Bedarf wiederholen.

Schimmelflecken

Weiße Textilien: 15 Minuten lang in Wasserstoffperoxid einweichen. In der Waschmaschine waschen.

Farbige Textilien: Mit weißem Essig betupfen. In der Waschmaschine waschen.

Schlamm/Erde/Staub

Maschinenwaschbares Textil: Den Schmutz trocknen lassen, dann durch Schaben und Bürsten entfernen. Wenn danach noch ein Fleck sichtbar ist, die Stelle mit *Savon de Marseille extra pur* vorbehandeln und das Textil in der Waschmaschine waschen.

Schmieröl

Maschinenwaschbares Textil: Abtupfen/abkratzen. Mit Gallseife bedecken. 15 Minuten einwirken lassen. In der Waschmaschine waschen.

Nicht maschinenwaschbares Textil oder fester Untergrund: Abkratzen, mit Pfeifenerde bedecken. So lange wie möglich einwirken lassen. Anschließend wegsaugen. Bei Bedarf wiederholen.

Schokolade

Ablösen/abkratzen. Mit Gallseife bedecken und diese 15 Minuten einwirken lassen. In der Waschmaschine waschen.

Schuhcreme/Lederbalsam

Maschinenwaschbares Textil: So gut wie möglich abschaben. Mit *Savon noir en pâte* (schwarze Seife in Pastenform) einreiben und diese 15 Minuten einwirken lassen. In der Waschmaschine waschen.

Staub

Auf einem feuchten Textil: Ohne ihn zu berühren trocknen lassen, dann abbürsten. Bei Bedarf in der Waschmaschine waschen.

Tee

Maschinenwaschbares Textil: Einspeicheln. Mit Gallseife bedecken. 15 Minuten einwirken lassen. In der Waschmaschine waschen.

Tinte/Kugelschreiber/Filzstift

Maschinenwaschbares Textil: Mit einem weißen Baumwolltuch abtupfen, das mit 90-prozentigem Alkohol getränkt ist. Nach 15 Minuten in der Waschmaschine waschen.

Urin (Haustiere)

Nicht maschinenwaschbares Textil: Abtupfen, etwas Sprudelwasser darüber gießen, 15 Minuten einwirken lassen, erneut abtupfen. Mit Natriumbicarbonat (Natron) bedecken und 1 Stunde einwirken lassen, dann mit dem Staubsauger wegsaugen.

Vergilbtes Plastik

In einem Behälter mit sehr heißem Wasser und Natriumpercarbonat einweichen.

Zahnpasta

Maschinenwaschbares Textil: Die Zahnpasta abkratzen. Die Stelle mit *Savon de Marseille extra pur* bedecken. Schrubben und dabei ausspülen.

5 BESTIMMTE MATERIALIEN SCHONEND REINIGEN

Chrom/Edelstahl

Selbst gemachten *Putzstein* mit dem zugehörigen Spezialschwamm auftragen, dabei die Oberflächen sanft polieren, mit klarem Wasser nachwischen. Mit einem Mikrofasertuch abtrocknen.

Elfenbein

1 TL geriebene *Savon de Marseille extra pur* und 2 TL Schlämmkreide in einer kleinen Schale vermischen. Etwas Wasser hinzufügen, um eine Paste zu bilden. Auf dem Elfenbein verteilen, trocknen lassen. Abwischen und so das Stück zum Glänzen bringen.

Kupfer (Grünspan)

Aus 2 EL feinem Salz, 3 EL Mehl und dem Saft von 1 Zitrone eine Paste herstellen. Mit einem weichen Tuch verreiben, mit klarem Wasser abspülen und trocknen.

Tipp: Ketchup! Auf der Oberfläche verteilen, einige Minuten einwirken lassen, abwischen und dabei den Gegenstand mit klarem Wasser abspülen, dann trocknen.

Leder (glatt)

Mit einem leicht angefeuchteten fusselfreien Tuch und sparsam *Savon de Marseille olive* (grüne Kernseife aus Olivenöl) abwischen (oder eine Reinigungsmilch verwenden).

Leder (rau)

Um Wildleder oder auch Velours aufzuhübschen, es mit einer Kreppbürste (aus Naturkautschuk) abbürsten.

Bei hartnäckigen Flecken: Ein Wischtuch in mit etwas *Savon de Marseille extra pur versetztes* Wasser tauchen und so gut wie möglich auswringen. Das Leder sanft damit abwischen. Trocknen lassen und dann mit einer Kreppbürste bearbeiten. Imprägnieren.

Marmor

Schlämmkreide und Wasser vermischen und mit einem weichen Tuch damit den Marmor abwischen. Mit klarem Wasser nachwischen und mit etwas Leinöl* den Marmor zum Glänzen bringen.

* *Da Leinöl unter Luftsauerstoffeinwirkung selbstentzündlich ist, müssen die verwendeten Lappen in einem Luftdicht verschlossenen Schraubglas aufbewahrt oder sofort nach dem Gebrauch ausgewaschen werden.*

Messing

Savon noir en pâte (schwarze Seife in Pastenform) und lauwarmes Wasser reinigen Messing sehr gut. Ketchup kann ebenfalls eine zu starke Oxidation beseitigen. Auf der Oberfläche verteilen, einige Minuten einwirken lasssen, mit klarem Wasser abwaschen und dann abtrocknen.

Schmiedeeisen

Mit *Savon noir en pâte* (schwarze Seife in Pastenform) abreiben. Abspülen und abtrocknen. Mit Leinöl* einreiben und auf Hochglanz bringen.

* *Da Leinöl unter Luftsauerstoffeinwirkung selbstentzündlich ist, müssen die verwendeten Lappen in einem Luftdicht verschlossenen Schraubglas aufbewahrt oder sofort nach dem Gebrauch ausgewaschen werden.*

Schmuck/Edelsteine

Das Schmuckstück in einen Behälter mit einer Mischung aus lauwarmem Wasser und einigen Spänen *Savon de Marseille extra pur* geben. Einige Minuten einwirken lassen. Sehr vorsichtig mit einer Zahnbürste bürsten. Abspülen. Anschließend sanft abtrocknen.

Zimmerpflanzen

Sehen die Blätter grau aus? Die Ober- und Unterseiten der Blätter mit einem in hellem Bier getränkten Mikrofasertuch abwischen.

Zinn

Eine Paste aus Schlämmkreide und Wasser auftragen. Mit einem Tuch (oder den Fingern) verreiben. Abspülen und abtrocknen.

REGISTER

G

H

I

J

K

L

M

N

O

P

R

PROJEKTVERZEICHNIS

JEDEN TAG

EINMAL PRO WOCHE

EINMAL PRO MONAT

EINMAL PRO SAISON

EINMAL PRO JAHR

WEITERE TIPPS UND TRICKS

DANK

Ich weiß nicht, wie es dir geht, aber ich bin … glücklich!

Glücklich, weil ich mein Leben geändert habe, um mich ganz der Welt der Hausarbeit zu widmen.

Merci an alle meine Verwandten und Freunde: Ich danke euch von ganzem Herzen! Dank euch hat die Zuversicht immer über die Momente des Zweifels gesiegt. Die Umstellung auf das Feld der Hausarbeit war unklar und verrückt. Es mag verrückt bleiben, aber eure tägliche Ermutigung lässt diesen Schritt für mich vollkommen einleuchtend und richtig erscheinen!

Glücklich, dass ich auf meiner bescheidenen Ebene den Menschen, die mir in den sozialen Netzwerken folgen, einen Gefallen tun kann. Ohne sie würde es das Abenteuer »Bgin Clean« natürlich nicht geben!

Ich wünsche mir, dass ich weiterhin immer mehr Feedback von euch erhalte, damit wir gemeinsam auf dem wunderbaren Weg der Ordnung, Organisation und Sauberkeit voranschreiten können. Vielen Dank für eure Begleitung und eure Treue!

Glücklich, dass mir die Möglichkeit geboten wurde, dieses Buch zu schreiben.

Merci an Marabout, Agathe und Emmanuelle für euer Vertrauen und eure wertvolle Begleitung!

Glücklich, dass du, liebe Leserin oder lieber Leser, nun dieses Buch in den Händen hältst. Es ist mir eine Ehre!

Merci an Mam, Quit, Loulou, Cécile, Coco, Caco, Caro und Zed für die (sehr) langen Stunden, die wir damit verbracht haben, über dieses Projekt zu sprechen.

Merci an Marine und Romain für eure unerschütterliche Unterstützung.

Merci an Charlotte, Adem und Lila, dass ihr mir die Türen zu euren Wohnräumen geöffnet habt, um einen Großteil der Fotos für dieses Buch aufzunehmen.

Merci an Rebecca für deine wunderschönen Fotos und an Sabrina für das Styling des Buches.

Merci an Guillaume, Véronique und Julie von La Corvette – La Compagnie du Midi für eure wunderbaren Produkte.

Merci an Sophie und Fanny von Hygiène & Nature für die spannenden Gespräche rund um die »grüne Chemie«.

Originalausgabe unter dem Titel *Ménage & vous!*
erschienen bei:

58, rue Jean Bleuzen, 92170 Vanves Cedex

Autor: Bruno Ginesty
Fotos: Rebecca Genet

Für die deutsche Ausgabe:
Verantwortlich: Svenja Wiglinghaus
Produktmanagement: Christine Schnappinger, VerlagsService Dietmar Schmitz GmbH
Übersetzung, Lektorat, Korrektorat & Satz: Verlags-Service Dietmar Schmitz GmbH
Umschlaggestaltung: Andreas Kersten
Herstellung: Kathleen Baumann
Printed in Turkey by Elma Basim

★★★★★

Sind Sie mit diesem Titel zufrieden? Dann würden wir uns über Ihre Weiterempfehlung freuen. Erzählen Sie es im Freundeskreis, berichten Sie Ihrem Buchhändler oder bewerten Sie beim Onlinekauf.
Und wenn Sie Kritik, Korrekturen oder Aktualisierungen haben, freuen wir uns über Ihre Nachricht an Christophorus Verlag, Postfach 40 02 09, 80702 München oder per E-Mail an lektorat@verlagshaus.de.

Unser komplettes Programm finden Sie unter

www.christophorus-verlag.de

In diesem Buch wird aus Gründen der besseren Lesbarkeit das generische Maskulinum verwendet. Weibliche und anderweitige Geschlechteridentitäten werden dabei ausdrücklich mitgemeint, soweit es für die Aussage erforderlich ist.

Die Deutsche Nationalbibliothek verzeichnet diese Publikation in der Deutschen Nationalbibliografie; detaillierte bibliografische Daten sind im Internet über https://www.dnb.de/ abrufbar.

Infanteriestraße 11a
80797 München

ISBN 978-3-8388-3845-8

Kreativ-Service

Sie haben Fragen zu den Büchern und Materialien? Frau Erika Noll ist für Sie da und berät Sie rund um alle Kreativthemen. Rufen Sie an! Wir interessieren uns auch für Ihre eigenen Ideen und Anregungen. Sie erreichen Frau Noll per **E-Mail: mail@kreativ-service.info** oder **Tel.: 0049- 89-1306 99-577.**

Besuchen Sie uns im Internet: **www.christophorus-verlag.de** und **www.selbstgemacht.de**